AF509747

Ouvrages Récemment Parus

LIVRES DE PRIX

Guides, Monographies

ET

CARTES VÉLOCIPÉDIQUES

Bons Livres d'Occasion

EN TOUS GENRES

Ernest FLAMMARION & A. VAILLANT

Galeries de l'Odéon, 1 à 9, et 4, rue Rotrou.

A partir de 25 fr., tous les envois sont adressés FRANCO dans toute la France.

Nous avons à la disposition de notre Clientèle un grand assortiment de Livres français et étrangers, Musique, Papeterie, Maroquinerie, Articles de dessin et de bureau, et nous nous chargeons de procurer tous les ouvrages des éditeurs parisiens **avec des remises importantes.**

ACHAT DE BIBLIOTHÈQUES

ENVOI FRANCO des Catalogues de MUSIQUE, PAPETERIE, GRAVURES.

OUVRAGES RÉCEMMENT PARUS

AICARD (Jean). Mélita. Roman bohème. 1 vol. in-12. 3 fr. 50. Net — 2 fr. 75

AICARD (Jean). Othello, le more de Venise. Drame en vers. Édition conforme à la représentation joué pour la 1re fois au Théâtre-Français, le 27 février 1899. 1 vol. in-8. 4 fr. Net — 3 fr. 50

ALLAIS (Alphonse). Pour cause de fin de bail. 1 vol. in-12. 3 fr. 50. Net — 2 fr. 75

ANDLER (Charles). Le Prince de Bismarck. 1 v. in-12. 3 fr. 50 Net — 2 fr. 75

Annuaire de l'aristocratie étrangère en France (1899). 1 vol. in-4, élégant cartonnage 12 fr Net — 10 fr. 50

ANOLD. A quoi tient la supériorité des Français sur les Anglo-Saxons. 1 vol. in-12. 3 fr. 50 Net — 2 fr 75

ARDOUIN-DUMAZET. Voyage en France. Flandre et littoral du Nord ». 1 vol. in-12. — Artois, Cambrésis, Hainaut ». 1 v. in-12. Chaque vol. broché. 3 fr. 50 Net — 2 fr 75
— Cart. toile 4 fr. Net — 3 fr. 50

ARGYR (Constant d'). Contes d'amour. 1 vol. in-12. 3 fr. Net — 2 fr. 50

ARMELIN (Gaston). L'archange des batailles. Poèmes chevaleresques. 1 vol. in-12, broché 2 fr. Net — 1 fr. 75

Les amours tragiques d'Isabeau de Bavière et d'héroïques épisodes de la guerre contre les Anglais, que termine, après la venue et les victoires de Jeanne d'Arc, la touchante idylle d'Alain Chartier et de Marguerite d'Écosse, revivent dans les poèmes vibrants contenus dans ce volume.

ARNAULT. Pour remettre à Franck. Roman. 1 vol. in-12. 3 fr. 50. Net — 2 fr. 75

AUBIN (Eugène). Les anglais aux Indes et en Égypte. 1 vol. in-12. 3 fr. 50 Net — 2 fr. 75

AVENEL (Vte G. d'). Paysans et ouvriers, depuis 700 ans. 1 vol. in-12. 4 fr. Net — 3 fr. 50

L'auteur nous montre la différence existant entre les salaires, d'autrefois et d'aujourd'hui, des journaliers, des domestiques, des ouvriers de métier de l'un et l'autre sexe, il précise leur degré d'aisance ou de misère, en faisant connaître le coût de leurs dépenses pour la nourriture, l'habillement, le chauffage, le loyer.

BARBEY D'AUREVILLY (J.). Philosophes et écrivains religieux. 1 vol in-8. 7 fr. 50. Net 6 fr. 50

BARDE (André). Jeu de massacre. (Pièces rimées pour salons ouverts et garçonnières closes). 1 vol. in-12. 3 fr. 50. Net — 2 fr. 75

BAZIN (René). La Terre qui meurt. 1 vol. in-12. 3 fr. 50. Net — 2 fr. 75

BEAUREPAIRE (Quesnay de). Le Panama et la République. 1 vol. in-12. 3 fr. 50. Net 2 fr. 75

BEAUVOIR (Roger de). Annuaire illustré de l'Armée Française pour 1899. 1 vol. gr. in-8 br. 1 fr. 50. Net — 1 fr. 35

BENTZON (Th.). Nouvelle-France et Nouvelle-Angleterre. 1 vol. in-12. 3 fr. 50. Net — 2 fr. 75

BÉRENGER (Henry). La France intellectuelle. 1 vol. in-12. 3 fr. 50. Net — 2 fr. 75

BERGERAT (Emile). Plus que reine. Drame en 5 actes. 1 vol. in-12. 3 fr. 50. Net — 2 fr. 75

BERLEUX (Jean). Un cœur d'honnête femme. Roman. 1 vol. in-12. 3 fr. 50. Net — 2 fr. 75

BERNARD (Tristan). Mémoires d'un jeune homme rangé. Roman. 1 vol. in-12. 3 fr. 50. Net 2 fr. 75

BERTHELET (Giovanni). Le Futur Pape. 1 vol. in-12. 3 fr. 50. Net. — 2 fr. 75

BERTON (Paul). L'art de faire soi-même son testament, ou traité pratique du testament olographe. Avec toutes les formules de testament dont on peut avoir besoin dans les diverses circonstances de la vie. (7e édition revue, augmentée et mise en harmonie avec la jurisprudence des lois nouvelles. 1 vol. in-12. 3 fr. 50. Net — 2 fr. 75

BERTRAND (Alph.). La Chambre des Députés. (1898-1902). Biographies de 581 Députés, avec avertissements et documents divers. 1 vol. in-12 broché. 4 fr. Net — 3 fr. 50

BIBESCO (Prince Georges). Prisonnier. Coblence. 1870-1871, In-8. 4 fr. Net — 3 fr. 50

BISTER (Henry). Les livres du professeur Richaume. 1 vol. in-12. 3 fr. Net — 2 fr. 50

BOISSIÈRE (Albert). Les Magloire. (Mœurs rustiques). 1 vol. in-12. 3 fr. 50. Net — 2 fr. 75

BONSERGENT (Alfred). Cabinet d'affaires. Roman. 1 vol. in-12. 3 fr. 50. Net — 2 fr. 75

BOUCHAUD (Pierre de). Le Recueil des souvenirs. Poésies. 1 vol in-8. 3 fr. 50. Net — 2 fr. 75

BOURLET (C.). La bicyclette, sa construction et sa forme. 1 vol. in-8. 4 fr 50. Net — 3 fr. 95

BOUBÉE (Simon). La marchande de frites « Maman Fricoteau ». 1 vol. in-12. 3 fr. 50. Net — 2 fr. 75

BOUTET (Henri). Autour d'elles. Le lever, le coucher. 1 vol. in-12, avec 80 dessins inédits en couleurs. 3 fr. 50 Net — 2 fr. 75

BOUTMY (Ed.). Études de droit constitutionnel (France, Angleterre, États-Unis). 1 vol. in-12. 3 fr. 50. Net — 2 fr. 75

BRISSON (Adolphe). Portraits intimes. (4e série). 1 vol. in-12. 3 fr. 50. Net — 2 fr. 75

CAMPFRANC (Du). Les cantiques d'Ivan. 1 vol. in-12. 3 fr. Net — 2 fr. 50

CARAN D'ACHE. L'album des lundis. 3 fr. 50. — 2 fr. 75

CARDELINE. L'Erreur d'Hermane. Roman. 1 vol. in-12. 3 fr 50. Net — 2 fr. 75

CARTON DE WIART (Edmond). Les grandes Compagnies coloniales anglaises du 19e siècle. 1 vol. in-12 br. 3 fr. 50. Net — 2 fr. 75

CASANOVA (Nonce). Le poète et la violée. Roman. 1 vol. in-12. 3 fr. 50. Net — 2 fr. 75

CASTANIER (Prosper). La fleur de Cythère. Roman antique. 1 vol. in-12. 3 fr. 50. Net 2 fr. 75

CATALOGUE illustré de la société nationale des Beaux-Arts. 1899. 1 vol. in-8. 3 fr. 50. Net 2 fr. 75

CATALOGUE illustré du Salon de 1899 (Société des artistes français). 1 vol. in-8. 3 fr. 50. Net — 2 fr. 75

CAUSE DE NAZELLE (du). Mémoires du temps de Louis XIV. 1 vol. in-12. 3 fr. 50. Net 2 fr. 75

CHABROL (Albéric). Chemin d'amour. Roman. 1 vol. in-12. 3 fr. 50. Net — 2 fr. 75

CHAMPOL. Les Justes, roman. 1 vol. in-12. 3 fr. 50. Net — 2 fr. 75

CHASSÉRIAU (Arthur). Du côté de chez nous. 1 vol. in-12. 3 fr. 50. Net — 2 fr. 75

CHATEAU (Henri). Thalassa, roman. 1 vol. in-12. 3 fr. 50. Net — 2 fr. 75

C'est une œuvre audacieuse où sont étudiés les problèmes les plus attachants de l'heure présente : la vie, la conscience, l'origine et la fin des mondes, l'évolution, les idées de religion et de patrie, etc... C'est le roman scientifique dans sa forme la plus nouvelle et la plus passionnante, devant satisfaire à la fois ceux qui recherchent le frisson psychologique et ceux-là que captivent les déductions rigoureuses des phénomènes.

CHINE (La). Expansion des grandes puissances en Extrême-Orient. (1895-1898). 1 vol. in-8. 5 fr. Net　　4 fr. 50

CHOLLET (Louis). Bas-reliefs. Poésies. 1 vol. in-12. 3 fr. 50. Net　　2 fr. 75

CHRISTINE DE SUÈDE et le Cardinal Azzolino. Lettres inédites (1666-1668). Introduction et notes par le Baron De Bildt ; in-8. 8 fr. Net 7 fr.

CHUQUET (Arthur). La Jeunesse de Napoléon. « Toulon ». 1 vol. in-8. 7 fr. 50 Net　　6 fr. 50

CISTERNES (Raoul de). La campagne de Minorque. 1 vol. in-8. 7 fr. 50. Net　　6 fr. 50

CLARETIE (Jules). La vie à Paris. 1898. 1 vol. in-12. 3 fr. 50. Net　　2 fr. 75

CLÉSIO (Pierre). Le Roman de Claude Lenayl. 1 vol. in-12 3 fr. 50. Net　　2 fr. 75

COLLIN (Paul). Fleurs de givre. Poésies 1 vol. in-12. 3 fr. Net　　2 fr. 50

COLOMBIER (Marie). Mémoires. « Fin de siècle ». 1 vol. in-12. 3 fr. 50. Net　　2 fr. 75
　　Ce second volume des *Mémoires* dépassera le succès du premier volume *Fin d'Empire*. Un chapitre sensationnel plein de révélations sur la vie intime de Gambetta et le mystère de sa mort tragique ; des pages touchantes sur la fin de la grande artiste Aimée Desclée, et de la poétique Jane Esler ; les épisodes de la vie galante à Naples, sont amusants comme une scène de comédie italienne. L'amour en Amérique inspire à Marie Colombier des pages pleines de mouvement et de couleur. Par sa gaîté, sa verve spirituelle et l'abondance de sa documentation, ce livre plaira à tous les publics.

CONTES de l'Oncle Ivan, traduits du Russe par Léon Golschmann et Ernest Joubert. 1 vol. in 4 jésus. 7 fr. 50. Net　　6 fr 50

COOPER-NICK. Courses et paris. « L'Institution des courses. Le cheval de pur sang Le jeu aux courses. Paris à la cote et pari mutuel. Les systèmes de parier ». 1 vol. in-12. Net　　2 fr.

CORBIÈRES (Tristan). Les amours jaunes. 1 vol. in-12. 3 fr. 50. Net　　2 fr. 75

CORDAY (Michel). Notre masque. Roman, 1 vol. in-12 3 fr. 50 Net　　2 fr. 75

COSTE (Ad.). Les principes d'une sociologie objective, 1 vol. in-8. 3 fr. 75. Net　　3 fr.

COURTY (Paul). Une dette de jeu. 1 vol. in-12. 3 fr. 50. Net　　2 fr. 75

COUVREUR (André). Le mal nécessaire. Roman. 1 vol. in-12 3 fr. 50. Net　　2 fr. 75

CROISET L'Histoire de la littérature grecque, tome 5e et dernier. 1 vol in-8 broché. 8 fr. Net　　7 fr.

DALLEMAGNE (J). La volonté dans ses rapports avec la responsabilité pénale. 1 vol. in-12 broché. 2 fr. 50. Net　　2 fr. 25

DANIÉLOU (Charles). Ascension. Poésies. 1 vol. in-12. 3 fr. 50. Net　　2 fr. 75

DAUDET (Alphonse). Notes sur la vie. 1 vol. in-12. 3 fr. 50. Net　　2 fr. 75

DAUDET (Ernest). Les deux évêques. 1 vol. in-12. 3 fr 50. Net　　2 fr. 75

DAUDET (Ernest). Louis XVIII et le Duc Decazes. 1 vol. in-8. 7 fr. 50. Net　　6 fr. 50

DAUDET (Léon A.). Sébastien Gouvès. Roman. 1 vol. in-12. 3 fr 50. Net　　2 fr. 75

DELFOUR (abbé Cl.). La religion des contemporains, 2e série, 1 vol. in-12. 3 fr. 50. Net　　2 fr. 75

DEPARDIEU (Félix). Anna. In-12. 3 fr. 50. Net　　2 fr. 75

DEPONT (Léonce). Déclins. Poésies. 3 fr. Net　　2 fr. 50

DERYS (Gaston). Les Amantes. 1 vol. in-12. 3 fr. 50. Net　　2 fr. 75

DETOUCHE (Henry). De Montmartre à Montserrat (D'un moulin à un monastère). 1 vol. in-12. 3 fr. 50. Net　　2 fr. 75

DHANYS (Marcel). Mémoires d'une petite fiancée. (Marie-Adélaïde de Savoie. Duchesse de Bourgogne). 1 vol. in-12. 3 fr. 50. Net　　2 fr. 75

DIGUES (L.). Les voix de l'Esprit. Élégant volume in-18. Net　　3 fr.
　　Curieux recueil de communication typtologiques obtenues par la méthode des *Tables tournantes* qui s'adresse aux adeptes du spiritisme expérimental.

DILLAYE (Frédéric). Le développement en photographie. 1 vol. in-8. 4 fr. Net　　3 fr. 50

DOMBRE (Roger). Pas banale. 1 vol. in-12. 2 fr. Net　　1 fr. 75

DONTENVILLE (J.). Le Général Moreau (1763-1813). 1 vol. in-12. 2 fr. 50 Net　　2 fr. 25

DOURLIAC (Arthur) Le supplice d'une mère. 1 vol. in-12. 3 fr. 50. Net　　2 fr. 75

DUBARRY (Armand). Les déséquilibrés de l'amour. 8e roman passionnel de cette série. 1 vol. in-12, broché. 3 fr. 50. Net　　2 fr. 75

DUBOULOZ-DUPAS (Ferdinand) et **FOLLIET** (André). Le Général Dupas. Italie. Egypte. Grande Armée. (1792-1813). 1 vol. in-8. 4 fr. Net　　3 fr. 50

DUPRAT (L.). L'Instabilité mentale. Essai sur les données psychopathologie. 1 vol. in-8. 5 fr. Net　　4 fr. 50

DUPRÉ. L'innocente de Rochebignon. Roman 1 vol. in-12. 3 fr. 50 Net　　2 fr. 75

DURKHEIM (Emile). L'année sociologique. 2e année (1897-1898). 1 vol. in-12. 10 fr Net 8 fr. 75

DUVAL (Rubens). Anciennes littératures chrétiennes. T. II. La littérature Syriaque. 1 vol. in-12. 3 fr. 50. Net　　2 fr. 75

EMPIS (Lucien S.) Fort l'Amour. Roman. 1 vol. in-12. 3 fr. 50. Net　　2 fr. 75

ENNERY (Adolphe d'). Jacqueline. Roman. 1 vol. in-12. 3 fr. 50. Net　　2 fr. 75
　　Quand la mort est venue le surprendre, l'auteur donnait le dernier bon à tirer de ce roman, délicieuse histoire d'amour.
　　Comme toujours, dans ce nouveau récit, Adolphe d'Ennery s'est montré l'excellent écrivain populaire qui a su gagner la faveur du public par un style correct, une imagination féconde et beaucoup de sentiment.

ERCKMANN (Emile). Alsaciens et Vosgiens d'autrefois. 1 vol. in-12 br. 3 fr. Net　　2 fr. 50

ESPAGNAT (Pierre d'). La divine aventure. Poésies. 1 vol. in-12. 3 fr. 50. Net　　2 fr. 75

ESPARBÈS (Georges d'). Les demi-solde. Roman. 1 vol. in-12. 3 fr. 50. Net　　2 fr. 75

ESTAUNIÉ (Edouard). Le ferment. Roman. 1 vol. in-12. 3 fr. 50. Net　　2 fr. 75

FABRE (C.). Aide-mémoire de photographie pour 1899. 1 vol. in-12. 1 fr. 75. Net　　1 fr. 60

FESCH (Paul). L'année sociale en France et à l'Etranger. 1898. 1 vol in-12 3 fr 50. Net 2 fr. 75

FIERENS-GEVAERT (H.). La Tristesse contemporaine. 1 vol. in-12. 2 fr. 50 Net　　2 fr. 25

FIGARO ILLUSTRÉ. Numéro spécial sur l'exposition. 3 fr Net　　2 fr. 75

FIRMIN-DIDOT (Georges). Pages d'histoire. 1 vol. in-12. 3 fr. 50 Net　　2 fr. 75

FOVEAU DE COURMELLES (Dr.). L'Esprit Scientifique contemporain. 1 vol. in-12 broché. 3 fr. 50. Net　　2 fr. 75

FRANCE (Anatole). L'anneau d'améthyste. 1 vol. in-12. 3 fr. 50. Net   2 fr. 75

FRÉHEL (Jacques). Vaine Pâture. Roman. 1 vol. in-12. 3 fr. 50 Net   2 fr. 75

GACHONS (Jacques des). N'y touchez pas. Roman. 1 vol. in-12 3 fr. 50. Net   2 fr. 75

GARREAU. L'État social de la France au temps des croisades. 1 vol. in-8. 7 fr. 50. Net   6 fr. 50

GAUTHIEZ (Pierre). Ombres d'amour (illustrations de F. Courboin). 1 vol. in-12. 2fr. Net 1 fr. 75

GAUTIER (Emile). L'année scientifique et industrielle, 1898. 1 vol. in-12 broché. 3fr. 50. Net 2 fr. 75

GELLÉ (E. M.). L'audition et ses organes. 1 vol. in-8 cart. 6 fr. Net   5 fr. 25

GÉRARD-VARET (L.). L'Ignorance et l'irréflexion. 1 vol. in-8. 5 fr. Net   4 fr. 50

GHEUSI (P. B.). Le serpent de mer. Roman. 1 vol. in-12. 3 fr. 50. Net   2 fr. 75

La trame de l'ouvrage ne se limite pas à des aventures fabuleuses ; elle raconte curieusement, dans une suite de tableaux rapides, le monde parisien des cosmopolites, des auteurs et des musiciens, dans les coulisses des grands théâtres lyriques. Le public y reconnaîtra, sans doute, plus de personnalités que n'en esquisse l'auteur, dont le souci littéraire, très documenté sur un milieu familier à ses préférences, répugne au pamphlet et au scandale.

GOURGAUD (Général baron) Sainte-Hélène. Journal inédit de 1816 à 1818. Préface et notes par M. le Vicomte de Grouchy et A. Guillois. Tome 2 et dernier. 1 vol. in-8. 7 fr. 50. Net 6 fr. 50

Dans ce livre on y retrouvera l'Empereur tel qu'il s'est montré dans sa correspondance, avec tout son autoritarisme, sa brusque franchise, son honnêteté profonde qui lui faisait détester les agioteurs et les traîtres, et aussi avec son immense et lumineux génie.

GUIGNET (E.). La céramique ancienne et moderne. 1 vol. in-8 cart. 6 fr. Net   5 fr. 25

GUYOT (Yves). L'Évolution politique et sociale de l'Espagne. 1 vol. in-12. 3 fr. 50. Net 2 fr. 75

GYP. Les Cayenne de Rio. 1 vol. in-12. 3 fr. 50. Net   2 fr. 75

Ce volume est l'un des plus étincelants du spirituel écrivain. C'est une très mordante satire des gens et des mœurs d'un certain grand monde que l'auteur y fustige avec cette fine ironie qui lui est habituelle et qu'il sait si bien manier.

GYP. Monsieur de Folleuil. 1 vol. in-12. 3 fr. 50. Net   2 fr. 75

HALDEN (Ch. de). La veillée des armes. Poésies. 1 vol. in-12. 3 fr. Net   2 fr. 50

HEPP (Alexandre). Les Quotidiennes de 1898. 1 vol. in-12. 3 fr. 50, net.   2 fr. 75

Sous ce titre est publiée la collection de ces courts et brillants articles donnés chaque jour par l'éminent chroniqueur Alexandre Hepp, pendant l'année 1898.

Ces notes spirituelles, mordantes, écrites au jour le jour sur le fait saillant de la chronique, constituent un document vivant, sous une forme nouvelle et des plus attrayante.

HOUSSAYE (Henry). 1815. Waterloo. 1 vol. in-12. 3 fr. 50, net.   2 fr. 75

HURET (Jules). Sarah Bernhardt. (60 illustrations et portraits). 1 vol. in-4. 5 fr. net. 4 fr. 50

KIPLING (Rudyard). Le livre de la Jungle. 1 vol. in-12. 3 fr. 50, net.   2 fr. 75

KISTEMACKERS (Henry). Les amants romanesques. 1 vol. in-12. 3 fr. 50, net.   2 fr. 75

LACROIX (Désiré) Bonaparte en Égypte (1798-1799). 1 vol. in-12. 3 fr. 50, net.   2 fr. 75

LACROIX (Désiré) Roi de Rome et Duc de Reichstadt (1811-1832). 1 vol. in-12. 3fr. 50, net. 2 fr. 75

LAÈRE (L. de). Le Drame de Bellevue. 1 vol. in-12. 3 fr. 50, net.   2 fr. 75

Ce drame est l'histoire, extrêmement attachante par l'étude très fouillée des caractères et le dramatique des situations, d'un pauvre homme, un aéronaute incompris, l'inventeur Jean Aubertin, qui, pour arracher à la mort, en l'emmenant sous un ciel plus clément, son enfant malade et condamnée, se fait voleur et, par fatalité, le complice d'un assassin. Treize ans plus tard, on le retrouve vivant sous un faux nom, riche et heureux, près de sa fille guérie, expiant sa faute par des libéralités sans nombre, lorsqu'un hasard le remit en présence de son complice.

Ce roman, très émouvant, écrit dans une bonne langue, nous paraît destiné au plus vif succès.

LAFORGUE (Jules). Poésies complètes. 1 vol. in-12. 6 fr., net.   5 fr. 25

LA JEUNESSE (Ernest). L'inimitable. Roman. 1 vol. 3 fr. 50, net.   2 fr. 75

LANET (abbé Michel). Journal d'un missionnaire à la Martinique. 1 vol. in-12. 2 fr. 50, net   2 fr. 25

LAPAIRE (Hugues). Les chansons berriaudes (chansons du Berri). 1 vol. in-12. 3 fr. 50, net   2 fr. 75

L'auteur a mis toute son âme, pour apporter le mirage du pays natal avec ses traînes verdoyantes, ses branches mélancoliques, ses chaumières, etc.

LAPIE (Paul). La Justice par l'État. Étude de morale sociale. 1 vol. in-12. 2 fr. 50, net 2 fr. 25

LAPORTE (L. M. Vic.). Méthode rapide de sténographie. (Système Aimé Paris), enseignée en quinze leçons suivies d'exercices. 1 brochure in-8. 1 fr. 50, net   1 fr. 35

LARBALÉTRIER (Albert). Le beurre et la margarine. 1 vol. in-12 broché. 2 fr. 50, net 2 fr. 25

LARROUMET (Gustave). Nouvelles études d'histoire et de critique dramatiques. 1 vol. in-12 br. 3 fr. 50, net   2 fr. 75

LAVEDAN (Henri). Lydie. Roman. 1 vol. in-12. 3 fr. 50, net   2 fr. 75

LECOMTE (Georges). Suzeraine. Roman contemporain. 1 vol. in-12. 3 fr. 50, net   2 fr. 75

LECONTE (Sébastien-Charles). Les bijoux de Marguerite. Poèmes. 1 vol. in-4. 5 fr., net 4 fr. 50

LECONTE DE ROUJOU (Capitaine de frégate). Éducation morale, patriotique et militaire des Équipages de la Flotte. 1 vol. in-12. 3 fr., net   2 fr. 50

LÉGER (Louis). Russes et Slaves. 3ᵉ série. (Études politiques et littéraires). 1 vol. in-12 br 3 fr. 50, net   2 fr. 75

LEGRAS (Jules). En Sibérie. 1 vol. in-12. 4 fr., net   3 fr. 50

LEMAIRE (Louis). Mademoiselle Chevrillay, roman. 1 vol. in-12. 3 fr. 50, net   2 fr. 75

LEMAITRE. (Jules). Les contemporains. 7ᵉ série. 1 vol in-12. 3 fr. 50, net   2 fr. 75

LEMONNIER (Camille). Théâtre. (Le mort. — Les mains. — Les yeux qui ont vu). 1 vol. in-12. 3 fr. 50. Net   2 fr. 75

LEPELLETIER (Edmond). Le fils de Napoléon. 1 vol. in-12. 3 fr. 50. Net   2 fr. 75

LE PLAY (Frédéric). Voyages en Europe (1829-1854). 1 vol. in-12. 3 fr. 50 Net   2 fr. 75

LESUEUR (Daniel). Au-delà de l'amour. Roman. 1 vol. in-12 broché. 3 fr. 50. Net   2 fr. 75

LETAINTURIER-FRADIN (Gabriel). Réalités. 1 vol. in-12. 3 fr. 50. Net   2 fr. 75

LÉVY-BRUHL (L.). Lettres inédites de J. S. Mill à Aug. Comte. 1 vol. in-8. 10 fr. Net 8 fr. 75

LONGARD DE LONGGARDE (Mme D.). Une Reine des fromages et de la crème. Roman 1 vol. in-12. 3 fr. 50 Net — 2 fr. 75

LORRAIN (Jean). Heures d'Afrique. 1 vol in-12. 3 fr. 50. Net — 2 fr. 75

LORRAIN (Jean). Poussières de Paris. 1 vol. in-12. 3 fr. 50. Net. — 2 fr. 75

LOTI (Pierre). Reflets sur la sombre route. 1 vol. in-12. 3 fr. 50. Net — 2 fr. 75

LUGUET (Marcel). Sabre à la main. Roman. In-12. 3 fr. Net — 2 fr. 50

MADELEINE (Jacques). A l'Orée. Poésies. 1 vol. in-12, 3 fr. 50. Net — 2 fr. 75

MAEL (Pierre). Pas de dot. Roman. 1 vol. in-12. 3 fr. 50. Net — 2 fr. 75

MAEL (Pierre). Reine-Marguerite. Roman. 1 vol. in-12. 3 fr. 50. Net — 2 fr. 75

Les héros de ce drame poignant sont un homme d'âge mûr et une fillette.

L'homme, un ancien médecin, le D' Jean Gallois, est la victime d'une erreur judiciaire. La fillette, Reine-Marguerite, est sa nièce.

L'un et l'autre sont engagés dans une lutte terrible. Tandis que l'un poursuit sa réhabilitation et rassemble les preuves de son innocence, la seconde est livrée par la destinée aux mains de la plus cruelle ennemie d'elle-même et de son oncle, la belle Solange Langlois, la femme funeste qui, jadis, commit le crime pour lequel Gallois fut condamné.

MAINDRON (Maurice). Le tournoi de Vauplassans. (7e volume de la Collection Nymphée). 1 vol. in-12. 3 fr. 50. Net — 2 fr. 75

MAIRET (Jeanne). Sybil. 1 vol. in-12. 3 fr. 50. Net — 2 fr. 75

MAISONNEUVE (Henri). Louisette. Roman. 1 vol. in-12. 3 fr. 50. Net — 2 fr. 75

MAIZEROY (René). La chair en joie. Le cœur en peine. Roman. 1 vol. Collection Excelsior. 3 fr. 50. Net — 2 fr. 75

MALLARMÉ (Stéphane). Poésies. (Frontispice à l'eau-forte par Félicien Rops). 1 vol. in-8. 6 fr. Net — 5 fr. 50

MARDRUS. (Dr J. C.). Le livre des mille et une nuits. Tome 1er. 1 vol. in-8. 7 fr. Net — 6 fr.

MARX (Karl). Critique de l'Économie politique. (Traduit de l'allemand par Léon Rémy). In-12. 3 fr. 50. Net — 2 fr. 75

MARY (Jules). Mortel outrage. Tome 1er « Soldats des Alpes ». 1 vol. in-12. Net — 2 fr. 75

MAURIGNY (Dr.). Les secrets de l'amour conjugal. Guide des gens mariés. 1 vol. in-12. Net — 2 fr. 75

MAZELIÈRE (marquis de la). Essai sur l'histoire du Japon. 1 vol. in-12 4 fr. Net — 3 fr. 50

MÉMOIRES DU COMTE GASPARD DE CHAVAGNAC (1638-1669). 1 vol. in-12 br. 3 fr. 50. Net — 2 fr. 75

C'est assurément l'histoire la plus extraordinaire que nous ayons lue depuis longtemps. Ces aventures guerrières ou galantes, plus authentiques et plus gaies que celles du chevalier d'Artagnan, ont l'attrait du plus puissant des romans.

MÉROUVEL (Charles). Misère et Beauté. Tome 1er « Sans tombeau ». 1 vol. in-12. Net 2 fr. 75

MICHELET (Jules). Lettres inédites adressées à Mlle Mialaret (Madame Michelet). 1 vol. in-8. 7 fr. 50. Net — 6 fr. 50

MICHOTTE (F.). Connaissances pratiques pour conduire les automobiles à pétrole et électriques, avec le nouveau règlement sur la circulation. 1 vol. in-12. 3 fr. 50. Net — 2 fr. 75

MISPOULET (J. B.). La vie parlementaire à Rome sous la République. 1 vol. in-8 broché. 12 fr. Net — 10 fr. 50

MOLINARI (G. de) Esquisse de l'organisation politique et économique de la société future. 1 vol. in-12 br. 3 fr. 50. Net — 2 fr. 75

MONTALIVET (Comte de). Fragments et souvenirs. Tome 1er (1810-1832). 1 vol. in-8. 7 fr. 50. Net — 6 fr. 50

MONTÉPIN (Xavier de). Les Deux Alice. 2 vol. in-12. 6 fr. Net — 5 fr. 25

MONTMORAND (Vte Brenier de). La société française contemporaine. 1 vol. in-12. 3 fr. 50. Net — 2 fr. 75

MONTORGUEIL (Georges). La vie à Montmartre. Orné de 150 lithographies originales, en noir et en couleurs, composées et mises sur pierre par Pierre Vidal. 1 vol. in-8 broché. 60 fr. Net — 52 fr. 75

Ce splendide ouvrage contient 134 compositions en noir, 16 frontispices de chapitres en couleurs, et une couverture également en couleurs, qui ont été confiés à Pierre Vidal, l'artiste justement apprécié des bibliophiles pour l'élégance brillante avec laquelle il a illustré tant d'ouvrages de grand luxe. Ce volume contient entre autres chapitres : Le vieux Montmartre ; le Sacré-Cœur et les pèlerins ; la Butte et ses artistes ; les Petites scènes et leurs chansonniers ; les Bals et les cabarets, etc.

MOREAU-VAUTHIER (Ch.). Le sentier du mariage. Roman. 1 vol. in-12, broché. 3 fr. 50. Net — 2 fr. 75

NACLA (Vicomtesse). L'enfant, toutes ses éducations. 1 vol. in-32. 3 fr. 50. Net — 2 fr. 75

Ce livre, précieux pour les jeunes mères, est utile à consulter depuis le berceau jusqu'à l'adolescence.

Il traite de l'éducation des caractères, l'éducation des sentiments, l'éducation du cœur, etc., sans oublier l'éducation ayant rapport aux défauts physiques.

NARFON (Julien de). Léon XIII intime. 1 vol. in-12 illustré. 3 fr. 50, net — 2 fr. 75

NAUDET (l'abbé). Notre devoir social. Questions pratiques de morale individuelle et sociale. 1 vol. in-12 broché. 3 fr. 50, net — 2 fr. 75

Il y a des riches et des pauvres, des maîtres et des serviteurs, des patrons et des ouvriers, des vendeurs et des acheteurs, des services publics et des services privés. Comment devons-nous orienter notre vie afin de rester fidèles à l'idée de justice toutes les fois que nous sommes en face d'autrui selon l'une ou l'autre de ces relations, tel est le problème sur lequel a travaillé M. l'Abbé Naudet.

NIETZSCHE (Frédéric). Pages choisies. 1 vol. in-12. 3 fr. 50, net — 2 fr. 75

NORIAC (Jules). Monsieur Edgard, roman. 1 vol in-12. 3 fr. 50, net — 2 fr. 75

NOTOVITCH (Nicolas). La pacification de l'Europe et Nicolas II. 1 vol. in-8. 5 fr., net 4 fr. 50

OHNET (Georges). Au fond du Gouffre. 1 vol. in-12. 3 fr. 50, net — 2 fr 75

OLLÉ-LAPRUNE (Léon). Théodore Jouffroy. in-12. 3 fr 50, net — 2 fr. 75

OSSIP-LOURIÉ. La philosophie de Tolstoï. 1 vol. in-12. 2 fr. 50, net — 2 fr. 25

OTTOLENGUI. Artiste ès crimes. Traduit de l'anglais par G. Monod, in-12. 3 fr. 50. net — 2 fr. 75

PETIT DE JULLEVILLE (L.). Histoire de la littérature française, des origines à 1900. Tome VII. (XIXe siècle. Période romantique. 1800-1850). 1 vol. in-8. 16 fr., net — 14 fr.

PINARD (Albert). Samuelle Servais. 1 vol. in-12. 3 fr. 50, net — 2 fr. 75

POINSARD (Léon). Vers la Ruine. 1 vol. in-12. 3 fr., net — 2 fr. 50

PONT-JEST (René de). La meunière de Saint-Cado. Roman. 1 vol in-12. 3 fr. 50. net 2 fr. 75

POULAINE (Jean de la). Le colosse aux pieds d'argile. Étude sur l'Angleterre. 1 vol. in-12. 3 fr. 50. net — fr. 75

PRADEL (Georges). La cage de cuir. Roman. In-12. 3 fr., net   2 fr. 50

PRAVIEUX (Jules). Monsieur l'aumônier. Roman. 1 vol. in-12. 3 fr. 50, net   2 fr. 75

PRÉVOST (Marcel). Les vierges fortes. Roman. 1 vol. in-12 br. 3 fr. 50, net   2 fr. 75

PROAL (Louis). Le crime et la peine. 1 vol. in-8. 10 fr., net   8 fr. 75

PROSBERT (H.). La chasse au mariage. Roman. 1 vol. in-12 br. 3 fr. 50, net   2 fr. 75

> Ce nouveau Roman est le récit captivant et étudié des embûches et convoitises dressées contre la fortune d'un jeune officier par une jeune fille en quête de mari. Pas un instant l'intérêt ne demeure suspendu en ces pages, soit qu'elles nous peignent les tendresses pures ou les passions les plus exaspérées.

RABUSSON (Henry). Les chimères de Marc Le Praistre. 1 vol. in-12. 3 fr. 50, net   2 fr. 75

RACHILDE. La Tour d'amour. Roman. 1 vol. in-12. 3 fr. 50, net   2 fr. 75

RAINALDY (Henri). Escarmouches. 1 vol. in-12. 3 fr. 50, net   2 fr. 75

RAMEAU (Jean). La montagne d'or. Roman. 1 vol. in-12. 3 fr. 50, net   2 fr. 75

RÉGNIER (Henri de). Le trèfle blanc. Roman. 1 vol. petit in-18. 2 fr., net   1 fr. 75

REISET (Lieutenant-Général Vicomte de). Souvenirs. (1775-1810) 1 vol. in-8. 7 fr. 50, net 6 fr. 50

RENAN (Ary). Paysages historiques. 1 vol. in-12. 3 fr. 50 net.   2 fr. 75

REYSSIÉ (Félix). Le cardinal de Bouillon (1643-1715). 1 vol. in-8. 5 fr., net   4 fr. 50

RICHE (Daniel). Stérile. Roman. 1 vol. in-12. 3 fr. 50. Net   2 fr. 75

> Ce roman est un cri de pitié et de justice en faveur de la femme-esclave réclamant pour elle l'indépendance de son corps. Au milieu d'un récit attachant et mouvementé, en des pages brillantes et documentées, le distingué écrivain met en présence, luttant l'une contre l'autre, la ligue néo-malthusienne et celle en faveur de la repopulation *Stérile* nous donne ainsi une curieuse étude des préoccupations du monde moderne.
>
> L'artiste Georges Redon a présenté ce livre sous une ravissante couverture qui nous montre la femme se berçant dans un rêve de maternité.

RICHEPIN (Jean). Les Truands, drame en 5 actes en vers. 1 vol. in-12 broché. 3 fr. 50. Net   2 fr. 75

RIMBAUD. Les Illuminations. Une Saison en enfer. 1 vol. in-12. 3 fr. 50. Net   2 fr. 75

RIMBAUD. Poésies complètes. 1 vol. in-12. 3 fr. 50. Net   2 fr. 75

ROBERT (Gustave). La musique à Paris (1897-1898). 1 vol. in-12. 3 fr. 50. Net   2 fr. 75

ROBERT (Ulysse). Voyage à Vienne. 1 vol. in-12. 3 fr. 50. Net   2 fr. 75

> Vienne passe, non sans raison, pour être avec Paris la plus charmante capitale de l'Europe. Tout concourt à justifier cette réputation : l'acquise aménité des Viennois, la beauté des édifices et des monuments, etc... C'est sous ces différents aspects, que Ulysse Robert a, dans le présent volume, essayé de faire connaître Vienne. Cet ouvrage est illustré de nombreuses photographies.

ROD (Edouard). Morceaux choisis des littératures étrangères. 1 vol. in-16 broché. 6 fr. Net   5 fr. 25

RODOCANACHI (E.). Bonaparte et les îles Ioniennes (1797-1816). 1 vol. in-8. 5 fr. Net   4 fr. 50

ROÉ (Art). Mon régiment russe. In-12. 3 fr. 50. Net   2 fr. 75

ROLLICE (Eugène de). Vengeance d'amour. Roman. 1 vol. in-12. 3 fr. 50. Net   2 fr. 75

ROLLINAT (Maurice). Paysages et paysans. Poésies. 1 vol. in-12. 3 fr 50. Net   2 fr. 75

ROSNY (J. H.). L'aiguille d'or. Roman. 1 vol. in-12 broché. 3 fr. 50. Net   2 fr. 75

ROUSSET (Lieut.-Colonel). Le 4ᵉ corps de l'armée de Metz (19 juillet-27 octobre 1870). 1 vol. in-8. 7 fr. 50. Net   6 fr. 50

ROUVEYRE (Edouard). Connaissances nécessaires à un bibliophile. Tome 1ᵉʳ. 1 vol. in-8. 6 fr. Net   5 fr. 25

SAINT-AMAND (Imbert de). L'Apogée de Napoléon III. 1 vol. in-12. 3 fr. 50. Net   2 fr. 75

SAINT-AUBAN (Emile de). L'Histoire sociale au palais de justice. « Le silence et le secret ». 1 vol. in-12. 3 fr. 50, net   2 fr. 75

> Ce volume contient : 1º Le silence et le secret. — 2º Le secret maçonnique. « L'Organiste du Parfait silence. — La France libre en appel ». — 3º L'Intolérance religieuse : « Les bagarres de Versailles. Le procès correctionnel. Le procès de cour d'assises ». — 4º La Presse le silence et le chantage : « L'affaire Trocard ». — 5º La Justice et le secret.

SALVATORE DI GIACOMO. Rosa Bellavita. Trad. de J. de Casamassimi. 1 vol. in-12. 3 fr. 50, net   2 fr. 75

SAUSSURE (Léopold de). Psychologie de la colonisation française, dans ses rapports avec les sociétés indigènes. 1 vol. in-12. 3 fr. 50, net   2 fr. 75

SAY (Léon). Les finances de la France sous la 3ᵉ République. Tome II (1876-1882), in-8. 7 fr. 50. net   6 fr. 50

SCHEFER (Christian). Bernadotte roi (1810-1818-1844). 1 vol. in-8. 5 fr., net   4 fr. 50

SCHURÉ (Edouard). Le double roman. 1 vol. in-12. 3 fr. 50. net   2 fr. 75

SÉGUR (Pierre de). La Dernière des Condé. 1 vol. in-8. 7 fr. 50 net.   6 fr. 50

SEILHAC (Léon de). Les congrès ouvriers en France (1876-1897). 1 vol in-12. 4 fr., net 3 fr. 50

SERAO (Mathilde). Adieu amour. Roman, (traduit de l'Italien par Mme Charles Laurent). 1 vol. in-12. 3 fr. 50, net   2 fr. 75

SVIREN (A.) et **SIÉGEL** (A.). Le Petit-fils de D'Artagnan. 1 vol. in-12. 3 fr. 50, net   2 fr. 75

SOUBIES (Albert). Almanach des spectacles pour l'année 1898. Eau-forte de Lalauze. 1 vol. in-12. 5 fr., net   4 fr. 50

SOUBIES (Albert). La musique en Espagne. Des origines su 17ᵉ siècle. 1 vol. 2 fr., net   1 fr. 75

SOUZA (Robert de). La poésie populaire et le lyrisme sentimental. 1 vol. in-12. 3 fr. 50, net   2 fr. 75

TAINE (H.). Les origines de la France contemporaine. « L'ancien Régime ». 2 vol. in-12 à 3 fr. 50. net chaque.   2 fr. 75

THEURIET (André). Villa tranquille. Roman. 1 vol. in-12. 3 fr. 50, net   2 fr. 75

THOMAS (J.). Les heures bleues. Poésies. 1 vol. in-12. 3 fr., net   2 fr. 50

THOMAS (Jacques). Mélanges d'histoire et de litttérature religieuse. 1 vol. in-12. 3 fr 50. net   2 fr. 75

TOLSTOI (Comte Léon). Résurrection. Roman. 1 vol in-12. 3 fr. 50. net   2 fr. 75

TOUDOUZE (Gustave). La Bête à Bon Dieu. Roman. 1 vol. in-12. 3 fr. 50, net   2 fr. 75

TOURNEUX (Maurice). Diderot et Catherine II. 1 vol. in-8. 7 fr. 50, net   6 fr. 50

VALDÈS (André). Orages du cœur. Roman. 1 vol. in-12 3 fr. 50, net — 2 fr. 75

Ce volume est le plus délicieux roman d'amour qu'on puisse lire. On y retrouve la brillante imagination de l'auteur unie à une observation profonde et fine, à une touchante sensibilité, à une puissance parfois surprenante, à un style très élégant en même temps que très simple ; certaines pages sont d'un littérateur de tout premier ordre.

VALLAUX (C.). Les campagnes des armées françaises (1792-1815). 1 vol. in-12. 3 fr. 50, net 2 fr. 75

VEBER (Pierre). Les couches profondes. Roman. 1 vol. in-12 3 fr. 50, net — 2 fr. 75

VERLAINE (Paul). Œuvres complètes. Tome 2. 1 vol. in-12. 6 fr., net — 5 fr. 25

VIALLATE (A.). J. Chamberlain. 1 vol. in-12. 2 fr. 50 net — 2 fr. 25

VIGNÉ D'OCTON (P.). L'amour et la mort. Roman. 1 vol. in-12. 3 fr 50, net — 2 f. 75

Jamais titre ne fut mieux justifié. Un livre d'une audace inouïe, d'un exotisme étrange. D'une violence sans égale ; où la chair, la pauvre chair humaine torturée par la volupté palpite, crie, pleure, sanglote ; où le Mal d'aimer, le Désir éternel plus terribles en terre d'Afrique, plus dangereux que le soleil, exaspérés par les odeurs du climat, par l'oisiveté de l'exil, et aussi, qui le croirait ? — par les étreintes de la fièvre, sont l'objet d'une analyse subtile et cruelle.

VIGOUROUX (Louis). La concentration des forces ouvrières, dans l'Amérique du Nord. 1 vol. in-12. 4 fr., net — 3 fr. 50

VOGUÉ (Vicomte E. M. de). Les morts qui parlent. Roman. 1 vol. in-12. 3 fr. 50, net — 2 fr. 75

VOLANE (Jean). Proses dominicales. 1 vol. in-12. 3 fr. 50, net — 2 fr. 75

WAILLY (G. de). Le serment de Lucette. Roman. 1 vol. in-12 broché 3 fr. 50, net — 2 fr. 75

WILLY. A manger du foin. 1 vol. in-12. 3 fr. 50, net — 2 fr. 75

LES PIÈCES A SUCCÈS

Ces pièces très luxueusement éditées, sont illustrées d'environ 12 photogravures qui en sont l'exacte reproduction.

16 **LE SEUL BANDIT DU VILLAGE**, un acte, par Tristan Bernard.
17 **PAROLES EN L'AIR**, un acte de Pierre Veber et L. Abric.
18 **MONSIEUR BADIN**, comédie de Salon en un acte. — **L'EXTRA-LUCIDE**, un acte, par Georges Courteline.
19 **TROP AIMÉ**, un acte. — **RÉFRACTAIRE**, un acte, par Xanrof.
20 **LE PORTRAIT**, comédie en un acte, par Bertrand Millanvoye et Lucien Cressonnois.
21 **L'AMI DE LA MAISON**, un acte, par Pierre Veber.
22 **L'INROULABLE**, comédie de Salon en un acte, par Pierre Wolff.
23 **LA SOIRÉE BOURGEOIS**, comédie de Salon en un acte, par Félix Galipaux.
24 **LES CHANSONS DE DANSE**, un acte, par Auguste Germain.
25 **DENT POUR DENT**, un acte, par Henri Kistemaeckers.

CARTES POSTALES ILLUSTRÉES

VUES DE PARIS en couleurs, la douzaine . . . . . 0 60   Le cent . . . . . . 4 »
— en noir — . . . . 1 » — 7 50
VUES DES DÉPARTEMENTS (250 vues), la douzaine . . . . 1 »
— le cent 7 50
VUES DE LA PROCHAINE EXPOSITION UNIVERSELLE DE 1900 (20 vues), la douz. 1 »
— — — le cent. 7 50
TRÈS JOLIE COLLECTION de 12 cartes postales artistiques de motifs décoratifs par Mucha, 1re série. Net . . . . 2 »
2e série, 12 motifs décoratifs. Net 2 »
CARTES POSTALES MILITAIRES. 6 motifs d'aquarelles 0 80
— **PARISIENNES.** 6 compositions de Wély 0 80
— **POMPADOUR**, 12 très jolis modèles variés 1 60
LES PARISIENNES. 10 cartes postales illustrées par Henri Boutet, 1re série . . . 1 25
— — — 2e série . . . 1 25
L'ARMÉE FRANÇAISE. Infanterie, Cavalerie, Artillerie, Génie, Chasseurs à pied, Chasseurs Alpins, Gendarmes, etc. 150 cartes postales, scènes prises à la caserne, à l'exercice, aux manœuvres, aux revues, d'après les clichés de Bellieni. Net . . . 10 »

Histoire de France depuis la Révolution jusqu'à la chute du Second Empire
Par Ernest HAMEL, sénateur.

1re SÉRIE. **Précis de l'Histoire de la Révolution** (Mai 1785-Octobre 1795). 1 vol. in-8. Net . 6 50
2e SÉRIE. **Histoire de la République sous le Directoire et sous le Consulat** (Novembre 1795-Mai 1804). 1 vol. in-8 . . . . 6 50
3e SÉRIE. **Histoire du Premier Empire** (Mai 1804-Avril 1814). 2 vol. in-8 . . . . 13 »
4e SÉRIE. **Histoire de la Restauration** (Avril 1814-Juillet 1830). 2 vol. in-8 . . . . 13 »
5e SÉRIE. **Histoire du Règne de Louis-Philippe** (Juillet 1830-Février 1848). 2 vol. in-8. . 13 »
6e SÉRIE. **Histoire de la Seconde République** (Février 1848-Décembre 1851). 1 vol. in-8 . 6 50
7e SÉRIE. **Histoire du Second Empire**. In-8. (Le tome 1er est en vente). 6 50
Thermidor. 1 vol. in-16, d'après les sources originales et les documents authentiques . . 2 75
La Statue de J.-J. Rousseau. 1 vol. in-18 . . . . 2 75

LA VÉRITABLE CUISINE DE FAMILLE, par tante Marie, contenant la manière d'utiliser les restes et 500 menus. 1 vol. in-12, cart. de 480 pages. Net 1 35

LA CUISINIÈRE. Cordon bleu de la famille, contenant un vocabulaire des termes de cuisine, l'art de découper, le service de table, des menus, pâtisserie, traité de la cave, etc.... par Anette Lucas. Illustré de 220 figures. 1 vol. in-12, cart. de 536 pages. Net 1 25

LIVRES DE PRIX

Prix d'Honneur

Magnifiques volumes illustrés grand in-8, relié toile, tr. dorées, plaques. Net **13 fr.**

FLAMMARION (Camille). Astronomie populaire, (100e mille) illustré de 360 gravurees. 7 chromos, cartes, etc. 1 vol.
— Les Etoiles et les curiosités du Ciel, ill. de 400 gravures, cartes, etc. 1 vol.
— Les Terres du Ciel, voyage sur les planètes, 400 figures, vues et photographies célestes. 1 vol.
— Le monde avant la Création de l'homme, origines du monde, origines de la vie, origines de l'humanité, ill. 400 fig., 5 aquarelles, 8 cartes. 1 vol.
DU CLEUZIOU (H.). La Création de l'homme et les premiers ages de l'humanité, ill. de 400 fig. 1 vol.
BRONGNIART (Ch.) Histoire naturelle populaire, illustré de 870 dessins et 8 aquarelles. 1 vol.
DESBEAUX (Emile) Physique populaire, illustré de 508 figures et 4 aquarelles. 1 vol.

LE BON (Gustave). Les premières civilisations, ill. de 434 grav., 9 planches, et 2 cartes. 1 vol.
DUBOC (Emile). 35 mois de campagnes en Chine, au Tonkin, illustrations de P. Marie et A. Brun.
BRISAY (Henri de). A l'Abordage, 50 illustrations de Zier, gravées sur bois.
— Jean La Poudre, 100 illustrations de Job, en noir et en couleurs.
MONTEIL (Edgard). Les 3 du Midi, illustrations de Robida.
HERVILLY (Ernest d'). Trop grande, illustrations de Mars.
SHAKESPEARE (L'Œuvre de) publié pour la jeunesse, par Charles Simond.
LAUBOT (Marie). Dévoument, illustré de 20 très belles gravures sur bois.

PREMIÈRE SÉRIE

Format grand in-8 jésus, nombreuses illustrations

Chaque volume, reliure plaque spéciale, tranches dorées, net . . . . . . **10 fr. 50**

BOUSSENARD (Louis). L'Ile en Feu. — Les Grandes Aventures, nombr. ill. de Clérice. 1 vol.
— Tour du monde d'un gamin de Paris, nombreuses illustrations. 1 vol.
— Sans-le-Sou, illustrations de Clérice. 1 vol.
— Les Français au Pole Nord, illustrations de Clérice. 1 vol.
— Voyages et aventures de Mlle Friquette, illustrations de Clérice. 1 vol.
— Le Defilé d'Enfer, illustrations de Clérice. 1 vol.
— Aventures extraordinaires d'un Homme bleu, illustrations de Clérice. 1 vol.
— Les Secrets de M. Synthèse, illustrations de Clérice 1 vol.
— Les Chasseurs Caoutchouc, illustrations de Férat. 1 vol.
— Aventures d'un gamin de Paris au Pays des Lions, dessins de Castelli. 1 vol.
— Aventures d'un héritier à travers le Monde dessins de Férat. 1 vol.
— Aventures périlleuses de trois Français au Pays des Diamants, dessins de Férat. 1 vol.
— Aventures d'un gamin de Paris en Océanie, illustrations de Férat. 1 vol.
— Les Robinsons de la Guyane, illustrations de Férat. 1 vol.
JACOLLIOT (Louis). Perdus sur l'Océan, illustrations de Clérice. 1 vol.
— Le Coureur des Jungles, illustrations de Castelli. 1 vol.
— Les Mangeurs de Feu, illustrations de Parys. 1 vol.
MALOT (Hector). En famille, (ouvrage couronné par l'Académie française), illustré par de Lanos. 1 vol.
— La Petite Sœur, illustré de nombreuses gravures. 1 vol.
SÉBILLOT (Paul). Légendes et Curiosités des Métiers. 220 reproductions d'anciennes gravures. 1 vol.
SÉLENNES (de). Un Monde inconnu, deux Ans sur la lune, illustrations de Gerlier.
SIMON (Jules). Colas, Colasse, Colette, illustrations de P. Avril, Léandre, etc. 1 vol.
CORSAIRE TRIPLEX. 117 gravures. 1 vol.
Jean Fanfare, illustré de 110 gravures. 1 vol.
Le Cousin de Lavarède, illustré de 150 gravures. 1 vol.
Le Sergent Simplet, illustré de 132 gravures. 1 vol.
Les Cinq sous de Lavarède, illustré de 117 gravures 1 vol.
MONTEIL (Edgard). Mémoires de jeunesse de Benjamin Canasson, notaire. Nombreuses gravures.
LEGENDRE (Pierre). Crackville, illustré de nombreuses gravures en noir et en couleur, d'après les dessins de Lucien Métivet.
PIERRE MAEL. Sauveteur. 100 gravures.
SAVORGNAN DE BRAZZA (P.). Conférences et Lettres sur les 3 explorations dans l'Ouest Africain Nombreuses gravures.
BONNEFONT (Gaston). Voyage en Zigzags de deux jeunes Français en France. 115 gravures.

DEUXIÈME SÉRIE

Chaque volume, format grand in-8 jésus, reliure plaque spéciale, tr. dorées, net **7 fr.**

AMÉRO (Constant). Miliza, histoire d'hier, illustrations de Gerlier. 1 vol.

BERTALL. Les Plages de France, texte et dessins de l'auteur. 1 vol.

DEUXIÈME SÉRIE (suite)

BIART (Lucien). Pierre Robinson et Alfred Vendredi, illustrations de Gerlier. 1 vol.

DESCHAUMES (Edmond). Le Pays des Nègres blancs, aventures d'un Français sur la route du Tchad. 1 vol.

DAUDET (Alphonse). La Belle Nivernaise, histoire d'un vieux bateau et de son équipage, illustrations de Montégut. 1 vol.

FLAMMARION (Berthe). Histoire de trois enfants courageux, dessins de Montader. 1 vol.

HALT (Marie-Robert). Histoire d'un petit homme, illustré de 100 dessins (Ouvrage couronné par l'Académie française). 1 vol.

— La Petite Lazare, illustrations de Gilbert. 1 vol.

— Le Jeune Théodore, 71 compositions de Laugée (Ouvrage couronné par l'Académie française. 1 vol.

MARIE LAUBBOT. Mademoiselle qu'en-dira-t-on, illustré d'après les dessins de Giacomelli, Duez, etc.

Mme CHAMBON. Olivette, 120 gravures par Janet.

JEANNE MAIRET (Mme Charles Bigot). La Petite Princesse. 110 gravures de Bousset.

MONET (H.). Le Siège de Médine, illustré par Carrier.

GUILLON (E.). Quatre-vingts ans d'histoire nationale (1815-1895), orné de 100 illustrations.

LETURQUE. L'Indien Blanc, illustré par Clérice.

MONET (H.). La Sibérienne, illustré de 50 dessins par Grebel.

CHEVALIER (A.). L'Héritier du Rajah, illustré par Clérice.

BROWN (J.). Perdu dans les Sables, illustré de 60 dessins de A. Robida.

LERMONT (Jacques). Exilée, illustrations de Kauffmann

BALLEYGUIER (Mme) et **J. GASTINE**. Seul sur l'Océan, illustré par Zier.

LAUBOT (Mme Marie). La Volonté d'un père, illustré de 20 gravures sur bois.

BONNEFONT (G.). Les Chants nationaux de la France. Cet ouvrage contient la musique (piano et chant) des principaux chants nationaux.

Don Quichotte de la Manche (édition pour la jeunesse), illustrations de Henri Pille.

BONNEFONT (Gaston). Les Héroïnes du Travail, illustrations de Dutriac.

GUILLON (E.). Histoire de la Révolution française, du Consulat et de l'Empire, orné de 100 illustr.

TROISIÈME SÉRIE

Volumes ill., format in-8, cartonnage toile, plaque spéciale, tranches dorées.　　Net **5 50**

LETURQUE (H.). Le Grand Serpent, 40 dessins de Damblans.

GOURDAULT (J.). De Paris à Paris à travers les Deux Mondes, (54 grav.).

PECH (Emile). Un Oncle d'Australie, illustré de 54 gravures.

UMINSKI (W.). Au Pôle Sud en ballon, illustré de 68 dessins.

MONTEIL (Edgar). Histoire du célèbre Pépé, illustré par H. Pille.

BRISAY (H. de). Flamberge au vent, illustré par Job.

MONTEIL (E.). Pauvre Louise.

MAINARD (Louis). Une Cousine d'Amérique.

GUILLON (E.). Les Généraux de la République.

GEVIN-CASSAL (Mme). Histoire d'un Petit Exilé.

PERRONNET (Mme). Deux Copains.

LERMONT (Jacques). Miss Linotte.

MAINARD (Louis). Droit au But.

BONNEFONT (G.) Les Miettes de la Science.

LERMONT (Jacques). Ma Meilleure Amie.

MAINARD (Louis). L'Héritage de Marie-Noël, illustré par E. Leroux.

GASTON TISSANDIER. Souvenirs et Récits d'un Aérostier militaire de l'Armée de la Loire.

MAURICE DREYFOUS. Les Trois Carnot. Histoire de Cent Ans (1780-1894).

LE CAPITAINE COOK. Les Trois Voyages du Capitaine Cook, racontés par lui-même.

LADY BRASSEY. Voyage d'une Famille autour du Monde, raconté par la mère.

QUATRIÈME SÉRIE

Volumes illustrés, format in-8, cartonnage toile, tranches dorées　.　.　.　.　. Net **4 90**

ALBUM DE L'HISTOIRE DE FRANCE. Grands Hommes et Grands Faits de l'Histoire de France, des origines à la Révolution (420 gravures).

ALBUM DU CENTENAIRE. Grands Hommes et Grands Faits de la Révolution française (436 gravures).

ALBUM DE LA SCIENCE. Grandes Industries, Grands Industriels (350 gravures).

ALBUM DE L'INDUSTRIE. Savants illustres, Grandes Découvertes (350 gravures).

VAUZANGES. Le Fils du Garde-chasse.

MONTEIL (Edgar). Jeanne la Patrie.

BETHUYS (G.) L'homme en nickel.

STEVENSON et **OSBOURNE**. Le Secret du Navire.

PICARD (Abel). Soga le Vengeur.

DORSAY. Cendrillonnette.

LE FAURE (G.). La Cantinière du 13e.

BRISAY (H. de). L'Aventure de Roland.

SIMOND (Ch.). Le Chapeau de bleuets.

CINQUIÈME SÉRIE

Volumes format in-8, illustrés, rel. toile plaque, tranches dorées . . . . . Net **4 50**

MARTIN (Henri). Le Dix-huitième siècle. (23 gravures).

MARTIN (Henri). Trois Grands Ministres, (20 gravures).

MARTIN (Henri). Louis XI, (23 gravures).

MARTIN (Henri). La Guerre de Cent Ans, (25 gravures).

MARTIN (Henri). Charlemagne et l'Empire Carolingien. (26 gravures).

MARTIN (Henri). Les Capétiens et la France Féodale, (14 gravures).

MARTIN (Henri). Les Origines de la France, (13 gravures).

SIXIÈME SÉRIE

Volumes format in-8, illustrés, rel. toile plaque, tranches dorées . . . . . Net **3 95**

GROS (Jules). L'Homme fossile. Illust. de Manaud.

LECOMTE (Aristide). Deux Ménages.

BONNEFOY (Marc). Autour du Drapeau.

DUBARRY (Armand). Le Rachat de l'Honneur.

MONTEIL (E.). Le Roi Boubou.

LERMONT (Jacques). La Maison aux Lunettes.

NOCE (F. de). Hélène de Saint-Aubin.

BROWN. Voyage à Dos de Baleine.

PECH (Emile). Une Vaillante.

LERMONT (Jacques). Gypsy.

BERTHET (Elie). Les Petites Ecolières, (104 gravures).

BUBARRY (A.). Les Aventuriers de l'Amazone, (37 gravures).

LABOULAYE (Ed.) Les Contes bleus. (200 grav.).

ASSOLANT (Alfred). Histoire Fantastique du célèbre Pierrot (100 grav.).

BERTHET (Elie). Paris avant l'Histoire. (70 grav.).

DELCOURT (Pierre). Les Robinsons Français, (150 gravures).

BARBOU (A.). Le Chien. (87 gravures).

BOVIER-LAPIERRE. L'Astronomie pour tous. (nombreuses gravures).

WITH (Emile). Métaux. Mines et Mineurs. (192 gravures).

BERTHET (Elie) Les Petits Ecoliers. (100 gravures).

BATISSIER. Le Cabinet des Fées. (63 gravures).

ALEXANDRE (Arsène). Les Fées en Train de Plaisir. 115 gravures de Lucien Métivet.

HERVILLY (E. d'). Les Chasseurs d'Edredons, voyages et singulières aventures de M. Barnabé de Versailles, 48 gravures.

HERVILLY (E. d'). En bouteille à travers l'Atlantique, (48 gravures).

BERTHET (Elie). L'Expérience du grand-papa, (101 gravures).

BIGOT (Mme Charles). La Tâche du petit Pierre, (46 gravures).

ADERER (Adolphe). Pour une rose. (45 gravures).

FREMINE (Ch.). La Chanson du pays (Récits normands), 46 gravures.

GIRARD (Albert). Nos Petits Diables, 82 gravures.

GIRARD (Albert). Nos Petits Amis, 48 gravures.

NIVELLE (Jean de). Contes du vieux Pilote, 35 gravures.

NIVELLE (Jean de). Contes de la mer et des grèves, 61 gravures.

RICHEBOURG (Emile). Contes d'Hiver, 40 grav.

MATTHIS (C.-E.). Les Deux Gaspards, 33 grav.

MATTHIS (C.-E.). Nos Petites Braves, 46 grav.

SEPTIÈME SÉRIE

Volumes in-8 illustrés, cartonnage toile, tranche dorées . . . . Net **3 15**

HAURIGOT (Georges). Les Malices de Gaspard.

MARANZE (J.). Les Robinsons vendéens.

MAINARD (Louis). Mademoiselle Sans le Sou.

D'HERVILLY (Ernest). Seule à treize ans.

MARANZE (Joseph). Une héroïne de seize ans.

LACERTIE (L.). Nos patriotes.

BARRACAND (Léon). Servienne.

CHANTECLAIR (Mme). L'Herbier de Jeanne.

ALBA. Les aventures de Marcel.

KERVALL (J.). Le dévouement de Claudine.

PICAUD. Lazare Carnot, l'organisateur de la Victoire.

MARANZE (Joseph). Le capitaine Cœur d'Or.

BOURON DES CLAYES (E.). Gamine.

GUILLOTIN (L.). La famille de Sevenac.

LERMONT (Jacques). Tous ensemble.

BONNEFOY (M.). Souvenirs d'un simple soldat en campagne.

AUBERT (O.). Histoire d'un petit bossu.

FERNAY (J.). Pierre-Paul Riquet et le canal du Midi.

CERVANTÈS. Don Quichotte de la Manche.

DANIEL DE FOE. Les Aventures de Robinson Crusoë.

WYSS (J.-R.) Robinson Suisse.

LADY BRASSEY. Voyage d'une famille à travers la Méditerranée, raconté par la mère.

LES MEMBRES DE L'EXPÉDITION. Le Naufrage de la « Jeannette ».

NORDENSKIOLD (A.-E.). Notre expédition du Pôle Nord à la recherche du passage du Nord-Est.

TISSANDIER (Gaston). Histoire de mes ascensions.

— Les héros du travail.

— Les martyrs de la science.

HUITIÈME SÉRIE

Volumes in-8 illustrés, cartonnage toile, tranches dorées . . . . Net **2 50**

MAINARD (Louis). Madame la Concierge.
PELLICO (Silvio). Mes prisons.
LAMY (Léon). Petit Pierre.
HANNEDOUCHE (A.). Au milieu de la bataille.
MULLEY (Camille). 30 jours de colonie scolaire.
AUDOUIN (Maxime). Les épreuves de Bernette.
CHAMBON (Mlle). Les Nièces de Tante Luce.
MONTEIL (E.). Aventures de dix lycéens à travers la Russie et la Chine.
AUBERT (Octave). Papa Moulin.
PERRONNET (Mme Amélie). Les fées de la maison.
DUBUISSON (Mme G.). La petite Denise.
GALLAND. La lampe merveilleuse d'Aladin.
BRUNOT (M.). Pauvre fille !
DORSAY. Un Don Quichotte en herbe.
RICHARD (Abel). Histoire d'un homme de bien.
D'HERVILLY (Ernest). Tristapatte, dessins de E. Bouard.
CALVET (G.). Petite Yvonne, illustré par Émile Bayard.
RICHARD (lieut.). Les petits Français à la guerre, (34 gravures).

GOLSCHMANN (L.) et (E.) JAUBERT. Gustave ou la mouche bleue (voyage à travers la nature), (47 grav.)
GŒPP (Ed.) et MANNOURY D'ECTOT. Les marins, de l'origine à la Révolution, (25 portr.)
LABUTTE (A.). Histoire des ducs de Normandie. (12 grav.)
VALLAT (Gustave). La Russie d'autrefois et la Russie d'aujourd'hui.
BARBOU (A.). Les Généraux de la République.
BROSSELARD-FAIDHERBE (capitaine d'infant.) Les deux missions Flatters au pays des Touaregs Azdjer et Hoggar, (50 grav.)
GANNIERS (A. de). Le Maroc d'hier, d'aujourd'hui et de demain, (45 grav.)
CERFBERR de MÉDELSHEIM (G.). L'architecture en France. 130 grav.
MANESSE (L.). Les paysans et leurs Seigneurs avant 1789, (féodalité, ancien régime), 80 grav. sur bois.
HERVÉ (J.). L'Égypte. 87 gravures et 2 cartes.
RAWTON (O. de). Les plantes qui guérissent et les plantes qui tuent, 130 grav.

NEUVIÈME SÉRIE

Format in-8 carré,
Cartonnage fort, imitation chagrin, plats or et couleurs, tranches dorées **1 50**

CHALLAMEL (Augustin). Vive la Patrie ! 20 grav.
BADIER (A. et H.). Au Tonkin (journal d'un sous-officier), 21 gravures.
OUSTALET (E.). La protection des oiseaux, 52 gravures.
CALVET (G.). L'échec d'Adrienne. 30 gravures.
GIRARD (A.). Le petit pâtre, 27 gravures.
MATTHIS (C.-E.). Les héros de l'avenir. 20 grav.
FRANCHY (Théophile). A l'école et en famille. 60 gravures.

LE MANSOIS DUPREY. L'esprit de Joseph Prudhomme. 23 gravures.
LE MANSOIS DUPREY. De Montmartre à Montrouge. 128 gravures.
JUILLERAT. Pour les tout petits, *entretiens sur les animaux*. 132 dessins.
JUILLERAT. Pour les tous petits, *entretiens sur les métiers*, 130 dessins.
JUILLERAT. Pour les tout petits, *entretiens sur les plantes*, 120 dessins.

DIXIÈME SÉRIE

Format in-8 illustré,
Broché ou cart. imit. maroquin, plaque or et noir, tr. dorées **0 90**

DEX (Léo). Aventuriers du fleuve Orange.
CHAMBON (Mlle). Le navire enchanté.
MAINARD (Louis). La casquette de l'oncle Louis.
ROGERON. Souvenirs d'un prisonnier de guerre 1870-71.
SALHIAS DE TOURNEMINE (Cte). Le cœur de cristal.
PECH (E.). Yvonnette.
RIBOULET (M.). Une drôle de petite fille.
THIÉRY. Jean Bart.
SIMON (Ch.). Maman Lise.
DORSAY (J.). Fables
DORSAY. Contes roses.
MAY (E.). Villa des Fées.

RIBOULET (Mme). Les idées de Gillette.
PERRONNET (Mme A.). Fruguette de Gros-Goulu.
HAMEAU (Mme). Follette.
ECHARD. Un fils de l'Alsace : Kléber.
PILLEGOUS. Une grande nuit.
AUBIN. Les fils du forgeron.
LASSERRE (L. de). L'infirmière.
AUBIN. Le pigeon voyageur.
DYONIS (L.). Le petit Victor.
JEANVROT. Le 14 juillet, Histoire de la Fête Nationale.
JANVROT. Allons, enfants de la Patrie ! (Histoire de la *Marseillaise*).
GARCIN (Eugène). La Tour d'Auvergne.

ONZIÈME SÉRIE

Format in-8 illustré, 21 cent. 1/2 sur 13. Broché ou cart. imit. maroquin, plaque or et noir . . . . **50** cent.

DORSAY. Le secret du bien.
CHAMBON (Mlle). Orphelins.
CHAMBON (Mlle). Le Diable-Blanc.
MAINARD (Louis). La 101e poupée de la Grande-Duchesse.
CHAMBON (Mlle). La mère Pimprenelle.
LEXPERT (G.). Les récits du grand-père.
VILLENEUVE (Jacques). La fille du meunier.
RIBOULET (Mme). Chez tante.
LEXPERT (Charles). Contes à Suzanne.
GERVAIS (A.). En captivité.
KERVALL (J.). Les petits-enfants de bon-papa.
PERRONNET (Mme A.). Pour des prunes.
BROWN (A.). La tirelire d'Alice.

SOBOL (J. de). Boute en train.
LE GOEL (Louis). P'tit maître.
PECH (E.). Le mât de cocagne.
SOBOL (J. de). Les sept ans de Madeleine.
MAINARD (Louis). Les pensionnaires du colonel.
—   Caporal.
MAY (F.). Yvan l'Orphelin.
MARTINEAU (Valentin). Les élèves de Mlle Morin.
KERWALL (J.). Marianina.
COPIN (A.). Une promenade à Waterloo.
BEAUNE (Emile). Les farces du petit Jean.
BEAUNE (E.) et WILNA. Histoires de chiens et de chats.

HECTOR MALOT

Ouvrages illustrés pour la Jeunesse

SANS FAMILLE (ouvrage couronné par l'Académie française). Dessins de Loewitz.
  2 vol. in-18 . . . . 7 fr. net **5 50**
    Cartonnage toile, tranches dorées . . . . 10 fr. net **8 75**
EN FAMILLE (ouvrage couronné par l'Académie française). Illustrations de Lanos.
  2 vol. in-18 . . . . 7 fr. net **5 50**
    Cartonnage toile, tranches dorées . . . . 10 fr. net **8 75**
LA PETITE SŒUR. Édition illustrée par Chapuis, Guyot, Rochegrosse, Vogel, etc.,
  refondue spécialement pour la jeunesse. 2 vol. in-18 . . . . 7 fr. net **5 50**
    Cartonnage toile, tranches dorées . . . . 10 fr. net **8 75**

OCCASION	NEMOURS-GODU

L'HERMITE de CLAMART

1 vol. in-18 illustré, reliure percaline, tranches dorées, genre Bibliothèque Rose
Au lieu de 3 fr. . . . . Net **1 50**

Jules MICHELET

ŒUVRES COMPLÈTES

Édition définitive en 39 volumes. Format in-8 cavalier, sur papier de luxe. Au lieu de 390 fr., net **315** fr.

Nous vendons séparément tous les volumes de Michelet au prix de : Broché . . 7 50, net **6 50**
En 1/2 reliure chagrin, tranches jaspées . . . . . . 10 » — **8 75**

Histoire de France (Moyen-âge)	6 vol.	Histoire romaine	1 vol.
— (Renaissance)	1 vol.	Mémoires de Luther	1 vol.
— (Réforme)	1 vol.	Le Peuple. — Nos fils	1 vol.
— (Guerres de Religion)	1 vol.	Le Prêtre. — Les Jésuites	1 vol.
— (Henri IV)	1 vol.	La Montagne. L'Insecte	1 vol.
— (Richelieu)	1 vol.	L'Amour. — La Femme	1 vol.
— (Louis XIV)	2 vol.	Précis d'Histoire moderne. — Introduction à l'Histoire universelle.	1 vol.
— (La Régence)	1 vol.	La Bible de l'humanité. -- Une année du Collège de France (1848).	1 vol.
— (Louis XV)	1 vol.	Les Légendes du Nord. — La Sorcière	1 vol.
— (Louis XV et Louis XVI)	1 vol	Les Origines du droit. — La France devant l'Europe.	1 vol.
— (La Révolution)	7 vol.	Les Femmes de la Révolution. — Les Soldats de la Révolution.	1 vol
— (XIXe siècle)	3 vol.		
L'Oiseau. — La Mer	1 vol.		
Vico	1 vol.		

Affaires exceptionnelles

BIBLIOTHÈQUE CLASSIQUE

Superbe collection de volumes imprimés avec le plus grand soin sur beau papier vélin, format in-16 (Collection JOUAUST).
Chaque volume broché, au lieu de 3 fr., net . . . . **1** fr. **75**
En riche reliure d'amateur, tête dorée, au lieu de 5 fr., net . . . . **2** fr. **50**

Beaumarchais. Le Barbier de Séville	1 vol	*Marmontel*. Mémoires	3 vol.
— Le Mariage de Figaro.	1 vol.	*Malherbe*. Poésies	1 vol.
Boileau. Œuvres	2 vol.	*Molière*. Théâtre.	8 vol.
Bossuet. Discours.	2 vol.	*Montesquieu*. Grandeur et Décadence des Romains	1 vol.
— Oraisons funèbres	1 vol.	*Montaigne*. Essais	7 vol.
Calidasa. Sacountala	1 vol.	*Racine*. Théâtre	3 vol.
Chamfort. Œuvres	2 vol.	*Regnard*. Théâtre	2 vol.
Chénier. Poésies	1 vol.	*Régnier*. Satires	1 vol.
Corneille. Théâtre	5 vol.	*Rabelais*. Œuvres	4 vol.
Courier. Œuvres.	3 vol.	*Rivarol*. Œuvres.	2 vol.
D'Aubigné Les Tragiques.	2 vol	*Rotrou*. Théâtre choisi.	2 vol.
Diderot. Œuvres.	6 vol.	*Rousseau*. Confessions	3 vol.
Fénelon. Education des Filles	1 vol.	*Saint-Evremont*. Œuvres choisies	1 vol.
Florian. Fables	1 vol	*Satire Ménippée*	1 vol.
Fontenelle. Œuvres choisies	2 vol.	*Sterne*. Voyage sentimental	1 vol.
Hamilton. Mémoires de Grammont.	1 vol.	*Voltaire*. Théâtre	1 vol.
Horace. Œuvres (Trad. J. Janin)	2 vol.	— Romans et Contes.	4 vol.
La Bruyère. Caractères	2 vol.	— Poésies	1 vol.
La Fontaine. Fables.	2 vol.	— Histoire de Charles XII	2 vol.
— Contes.	2 vol.	— Dictionnaire philosophique.	2 vol.
La Rochefoucauld. Maximes	1 vol.	*Xavier de Maistre*. Voyage autour de ma chambre	1 vol.
Marivaux. Théâtre	2 vol.		

Œuvres complètes de Molière

Avec notices sur chaque comédie, par Charles LOUANDRE (*Collection* JANNET-PICARD), caractères elzéviriens **17** fr.
8 beaux volumes. Superbe reliure d'amateur, tête dorée . . . .

ŒUVRES DE RABELAIS

Edition conforme aux derniers textes, variantes, notes et glossaire, par Pierre JANNET, caractères elzéviriens **15** fr.
(*Collection* JANNET-PICARD). 7 beaux volumes. Jolie reliure d'amateur, tête dorée, net. . . . .

RACINE   # THÉATRE

Superbe impression, notices de Paul ALBERT. 2 forts volumes in-8, riche reliure d'amateur. Au lieu de **15** fr.
25 fr., net . . . .

Histoire de la Révolution Française

Par Louis BLANC

24 50

15 beaux volumes in-18 reliés en 8, belle reliure d'amateur, tête dorée. Au lieu de 65 fr., net. . . . . .
C'est pendant son exil que Louis Blanc entreprit ce vaste et large travail. On y retrouve ses qualités d'historien,
l'élévation des sentiments et des pensées, un style plein d'énergie et de talent.
Cet ouvrages a sa place marquée dans toutes les bibliothèques.

HISTOIRE UNIVERSELLE

Depuis les temps les plus reculés jusqu'à nos jours, par **WEBER**. *Peuples orientaux. Histoire Grecque. Histoire Romaine*
Moyen-âge. Histoire moderne. Histoire contemporaine.   **32** fr.
13 volumes in-18. Belle reliure de bibliothèque, tranches jaspées. Au lieu de 70 fr., net. . . . .

OCCASIONS

Nouvelle Bibliothèque Classique

Magnifiques éditions de Bibliophiles. Tirage en grand papier de luxe

Chaque volume Broché format in-8, collection Jouaust. Au lieu de 30 fr., net 9 fr. 50

BOILEAU. OEuvres. Chine.	2	vol.
— — Whatman.	2	—
BOSSUET. Discours sur l'histoire universelle. Chine.	2	—
— Oraisons funèbres. Chine.	1	—
CALIDASA. Sacountala. Chine	1	—
CHAMFORT. OEuvres choisies. Chine.	2	—
— — Whatman.	2	—
CHÉNIER (André). Poésies. Chine.	1	—
— — Whatman.	1	—
CORNEILLE. Théâtre. Chine.	5	—
COURIER. OEuvres. Chine.	3	—
— — Whatman.	3	—
DIDEROT. OEuvres choisies. Chine.	6	—
HAMILTON. Mémoires de Grammont. Chine.	1	vol.
LA BRUYÈRE. Les Caractères. Chine.	2	—
— — Whatman	2	—
MALHERBE. Poésies. Chine.	1	—
MOLIÈRE. Théâtre. Chine.	8	—
— — Whatman.	8	—
MARIVAUX. Théâtre. Chine	2	—
MONTESQUIEU. Grandeur et décadence des Romains. Chine.	1	—
RABELAIS. OEuvres. Chine.	4	—
RACINE. Théâtre. Chine.	3	—
REGNARD. Théâtre. Chine.	2	—
REGNIER OEuvres. Chine.	1	—
RIVAROL. OEuvres choisies. Chine.	2	—
— — Whatman.	2	—

Chaque ouvrage est orné d'un portrait en double état ; nous ne possédons qu'un ou deux exemplaires de ces ouvrages qui ont été tirés seulement à 15 exemplaires sur Chine et 15 sur Whatman.

CLASSIQUES FRANÇAIS

Splendides Editions de la Librairie des Bibliophiles

Editions imprimées avec le plus grand luxe. Tirage : 20 exempl. sur Chine et 20 sur Whatman.

Chaque volume Broché format in-18. Au lieu de 10 fr., net 3 fr.

BOILEAU. OEuvres poétiques. Chine.	2	vol.
— — Whatman.	2	—
BOSSUET. Discours sur l'histoire universelle. Chine.	2	—
— — Whatman.	2	—
BOUFFLERS. Contes. Chine.	1	—
— — Whatman.	1	—
BRANCAS (Duchesse de). Mémoires. Chine.	1	—
— — Whatman.	1	—
CALISADA. Sacountala. Chine.	1	—
— — Whatman.	1	—
CHAMFORT. OEuvres choisies. Chine.	2	—
— — Whatman.	2	—
CHOISY (l'abbé de). Mémoires sur le siècle de Louis XIV. Chine	2	—
— — — Whatman.	2	—
CORNEILLE. Théâtre. Chine.	5	—
D'AUBIGNÉ. Mémoires. Whatman.	1	—
DIDEROT. OEuvres choisies. Chine.	6	—
— — — Whatman.	6	—
DU HAUSSET (Mme) Mémoires. Chine.	1	—
— — Whatman.	1	—
FÉNELON. Education des filles. Chine.	1	—
— — Whatman.	1	—
FONTENELLE. OEuvres choisies. Chine.	2	—
— — Whatman.	2	—
LA FONTAINE. Fables. Chine.	2	—
— — Whatman.	2	—
— Contes. Chine.	2	—
LIGNE (Prince de). OEuvres choisies. Whatman.	1	—
LINGUET. Mémoires sur la Bastille. Chine.	1	—
— — Whatman.	1	—
LOUVET de COUVRAI. Mémoires. Chine.	2	vol.
— — — Whatman.	2	—
MARIVAUX. Théâtre. Chine.	2	—
MARMONTEL. Mémoires. Whatman.	3	—
MOLIÈRE. OEuvres. Chine.	8	—
MONTAIGNE. OEuvres. Chine.	7	—
— — Whatman.	7	—
RABELAIS. OEuvres. Chine.	4	—
— — Whatman.	4	—
RACINE. Théâtre. Chine.	3	—
RIVAROL. OEuvres choisies. Chine.	2	—
— — Whatman	2	—
ROTROU. Théâtre choisi. Chine.	2	—
— — Whatman.	2	—
SAINT-ÉVREMOND. OEuvres choisies. Chine.	2	—
— — Whatman.	2	—
STERNE. Voyage sentimental. Chine.	1	—
— — Whatman.	1	—
VOITURE. Lettres. Chine.	2	—
— — Whatman.	2	—
VOLTAIRE. Théâtre. Chine.	1	—
— — Whatman.	1	—
— Romans et Contes. Chine.	4	—
— — Whatman.	4	—
— Poésies. Chine.	1	—
— — Whatman.	1	—
— Histoire de Charles XII. Chine.	2	—
— — Whatman.	2	—
— Dictionnaire philosophique. Chine.	2	—
— — Whatman.	2	—

SOLDE

MUSÉE DE VERSAILLES

Gravures avant la lettre

Dessinées et gravées par les artistes les plus célèbres. Chaque planche (format 45×63
net **2 fr. 75** au lieu de 12 et 15 fr.

BATAILLE DE TOURS (732), *par Steuben*. Au premier plan, Charles Martel est représenté à cheval. La main droite brandissant une hache, il est suivi de nombreux cavaliers, près de lui un vieillard combat à pied contre plusieurs ennemis. Au second plan on aperçoit plusieurs collines.

BATAILLE D'ASCALON (1099), *par Larivière*. Au premier plan, le Roi malade commande le combat ; il est assis, l'épée en main, sur une couchette portée sur les épaules de 8 hommes. Un Evêque à cheval présente aux combattants un emblème sacré. Au second plan la bataille, et au loin quelques montagnes.

PRÉDICATION DE LA 2ᵉ CROISADE A VÉZELAY EN BOURGOGNE (1146), *par Signol*. Au premier plan, sur une sorte de chaire élevée dans la campagne. St-Bernard prêche la croisade ; il a les yeux fixés au ciel et tient dans sa main droite une croix. Derrière lui se tient le roi Louis VII accompagné de la Reine. Au pied de la chaire des seigneurs lèvent les bras présentant leurs armes. Au second plan une colline avec l'esquisse de plusieurs tours.

PTOLÉMAIS REMISE A PHILIPPE-AUGUSTE ET A RICHARD CŒUR-DE-LION (1191), *par Blondel*. Au premier plan les murs de Ptolémaïs ravagés par le combat. La garnison évacue la ville, et passant devant Philippe-Auguste et Richard-Cœur-de-Lion, les guerriers déposent leurs armes. Au second plan des montagnes.

BATAILLE DE MONS-EN-PUELLE (1304), *par Larivière*. Au premier plan, au fort de la mêlée, Philippe-le-Bel combat à cheval et nu-tête, et par sa voix et son exemple ramène ses soldats à la charge contre les Flamands. Au second plan une montagne ayant à son sommet une chapelle.

ETATS GÉNÉRAUX DE PARIS (1328), *par Alaux*. Sur un fauteuil élevé au fond d'un temple se tient Philippe de Valois. A ses côtés nombre d'évêques et personnages divers. Au premier plan autres personnages. Tous lèvent la main.

LEVÉE DU SIÈGE DE RHODES (1480), *par Ed. Odier*. Au premier plan Pierre d'Aubusson debout, sa main droite reposant sur sa longue épée piquée en terre, se fait panser une blessure au genou. Le clergé précédé de porteurs de torches exécute une procession, un évêque donne la bénédiction. Au second plan les murs de Rhodes.

LEVÉE DU SIÈGE DE MALTE (1565), *par Larivière*. Jean de la Valette, à côté d'un porte-drapeau, se tient l'épée basse et les yeux levés, remercie Dieu de la victoire. Derrière lui le clergé et les guerriers. On aperçoit au loin l'armée Turque en déroute, remonter dans ses embarcations.

ENTRÉE DE HENRI IV A PARIS (1594), *par Gérard*. Henri IV à cheval et souriant reçoit les clefs de la ville. Il est escorté de cavaliers. La foule l'acclame. On salue des fenêtres. Des trompettes sonnent.

BATAILLE D'IVRY (1590), *par Steuben*. Henri IV à cheval, est coiffé d'un casque surmonté d'un panache. Il est entouré de ses guerriers dont plusieurs portent des drapeaux. Des blessés le saluent.

ETATS-GÉNÉRAUX DE PARIS (1614), *par Alaux*. Cette assemblée a lieu dans la salle du Louvre dite du Petit Bourbon. Au fond sur une estrade se tiennent Louis XIII, la Régente et divers personnages. Au premier plan, à droite et à gauche, les membres de l'assemblée. Les tribunes sont garnies de monde.

ENTRÉE DE LOUIS XIV ET DE LA REINE MARIE-THÉRÈSE A DOUAI (1667), *par Vandermeulen*. Louis XIV et sa suite sont à cheval. La Reine Marie-Thérèse se montre à la portière de son carrosse. Les notabilités de la ville sont agenouillées devant elle. Au second plan se dessine la ville.

PRISE DE LÉRIDA (1707), *par Couder*. Au premier plan l'Infanterie française fait l'assaut d'une brèche ouverte dans les murs d'enceinte. Au second plan un coin de la ville ravagée par les incendies et couverte de fumée.

BATAILLE DE DENAIN (1712), *par Alaux*. Des soldats pratiquent une ouverture dans une palissade. Par cette ouverture le maréchal de Villars, suivi de deux drapeaux entraîne un bataillon d'Infanterie à l'assaut.

BATAILLE DE FONTENOY (1745), *par H. Vernet*. Louis XV et le Dauphin à cheval, visitent le champ de bataille. Un officier présente au Roi des drapeaux pris à l'ennemi.

OUVERTURE DES ETATS-GÉNÉRAUX A VERSAILLES (1789), *par Couder*. Cette assemblée a lieu dans la salle des Menus-Plaisirs. Au fond le Roi Louis XVI sur son trône. A sa gauche, la Reine et les Princesses, à sa droite les princes. Au pied de l'estrade, la table des ministres. Au premier plan, groupe du clergé, groupe des députés.

BATAILLE DE RIVOLI (1797) *par Philippoteaux*. Au premier plan le Général Bonaparte nu-tête et à cheval regarde le combat. Derrière lui, un groupe de cavaliers. Au second plan, l'armée française s'engage dans une gorge étroite entre les montagnes.

BATAILLE DES PYRAMIDES (1798) *par Gros*. Bonaparte à cheval montre les pyramides que l'on aperçoit au loin. Les cavaliers qui l'entourent lèvent leurs sabres. Par terre plusieurs soldats ennemis blessés implorent nos soldats. Un vieillard tient dans ses bras une femme et un jeune homme.

LE GÉNÉRAL BONAPARTE VISITE LES PESTIFÉRÉS DE JAFFA (1799), *par Gros*. Des pestiférés sont couchés pêle-mêle. Le général Bonaparte touche de sa main gauche la plaie d'un malade.

BATAILLE D'ABOUKIR (1799), *par Gros*. Le général Murat en tête de sa cavalerie, au milieu d'une mêlée effroyable, pousse les Turcs à la mer. Un jeune turc soutenant Mustapha-Pacha, présente le sabre de ce dernier à Murat. Au loin la ville et quelques vaisseaux se détachent.

LE DIX-HUIT BRUMAIRE (1799), *par Bouchot*. Dans la salle des Cinq-Cents. Bonaparte est entouré des députés menaçants. Ses grenadiers viennent le dégager.

BATAILLE D'HÉLIOPOLIS (1800). *par Girardet*. Au premier plan combat d'infanterie sur des ruines. Au second plan la plaine sillonnée par quelques troupes.

SACRE DE L'EMPEREUR NAPOLÉON ET COURONNEMENT DE L'IMPÉRATRICE JOSÉPHINE DANS L'EGLISE DE NOTRE-DAME DE PARIS (1804). *par David*. Au pied de l'autel l'Impératrice à genoux reçoit la couronne des mains de l'Empereur. Derrière l'Empereur se tient le Pape accompagné d'Evêques. Princes. Princesses et grands de la cour assistent à la cérémonie.

BATAILLE D'AUSTERLITZ (1805). *par Gérard*. Napoléon à cheval devant son Etat-Major, écoute un général qui lui apporte des renseignements.

NAPOLÉON PRESCRIT AUX DÉPUTÉS DE LA VILLE DE MADRID DE LUI APPORTER LA SOUMISSION DU PEUPLE (1808), *par Carle Vernet*. Napoléon devant sa tente donne ses ordres aux députés de Madrid prosternés devant lui.

SACRE DE CHARLES X A REIMS (1825), *par Gérard*. Au premier plan Charles X sur le trône embrasse les Princes. Devant lui l'archevêque tourné vers l'assistance étend les bras Nombre de personnages de la cour. Au second plan on aperçoit des tribunes garnies de monde.

ARRIVÉE DU DUC D'ORLÉANS PAR LA PLACE DE L'HOTEL DE VILLE (1830). *par Larivière*. Le duc d'Orléans à cheval salue chapeau bas un groupe de citoyens porteurs de deux drapeaux et lui faisant une ovation. Un homme enlève les pierres qui sont devant les pieds de son cheval. A la porte de l'hôtel de ville se tient le général Lafayette avec son Etat-major. Au second plan on voit le panorama de Notre-Dame et des environs

LE ROI PRÊTE SERMENT, EN PRÉSENCE DES CHAMBRES, DE MAINTENIR LA CHARTE DE 1830 (1830). *par Devéria*. Le prince d'Orléans ayant à ses côtés ses deux fils. le duc de Chartres et le duc de Nemours. prête serment devant les 2 Chambres. Les tribunes sont garnies de monde.

LE ROI DONNE LES DRAPEAUX A LA GARDE NATIONALE DE PARIS ET DE LA BANLIEUE (1830). *par Court*. Au premier plan le Roi entouré de personnages militaires remet lui-même les drapeaux aux officiers. Au second plan des dames aux balcons d'un monument.

MARIE-ANTOINETTE ET SES ENFANTS, *par Mme Vigée Lebrun*. La Reine assise tient sur ses genoux son plus jeune enfant. A sa droite sa fille madame Royale s'appuie sur elle. A sa gauche un berceau sur lequel le dauphin a la main posée.

LE PAPE PIE VIII. PORTÉ DANS LA BASILIQUE DE St-PIERRE A ROME. A l'intérieur de la basilique des hommes portent sur leurs épaules le pape assis dans un fauteuil. Sur son passage, des Evêques et autres membres du clergé ainsi que des guerriers, inclinent la tête. Derrière lui. deux énormes éventails.

GUIDES-JOANNE

Paris, 7 fr. 50,   net 6 50
Environs de Paris, 7 fr. 50   — 6 50
Alpes Dauphinoises, 1re part. 10 f. — 8 75
Auvergne et Centre, 7 fr. 50. — 6 50
Bourgogne et Morvan, 7 fr. 50, — 6 50
Bretagne, 7 fr. 50, — 6 50
Cévennes, 7 fr. 50. — 6 50
Champagne et Ardenne, 7 fr. 50 — 6 50
Corse, 6 fr. — 5 25
Franche-Comté et Jura, 7 fr. 50. — 6 50
La Loire, 7 fr. 50, — 6 50
De la Loire aux Pyrénées, 7 fr. 50, — 6 50
Lyonnais. Beaujolais Bresse, 7f.50, — 6 50
Normandie, 7 fr. 50, — 6 50
Nord, 10 fr. — 8 75
Provence, 10 fr. — 8 75
Pyrénées, 2 vol. 15 fr. — 13
   I. Partie Occidentale. 7 fr. 50 — 6 50
   II. — Orientale, 7 fr. 50 — 6 50
Savoie, 7 fr. 50. — 6 50
Vosges et Alsace, 7 fr. 50, — 6 50
Guide du voyageur en France, par Richard
   I. Réseau Paris-Lyon-Médit. 4f. — 3 50
   II. Rés. d'Orléans-Midi-Etat. 4f. — 3 50
   III. Réseau de l'Ouest. 3 fr. — 2 50
   IV. Réseau du Nord. 2 fr. 50 — 2 25
   V. Réseau de l'Est, 2 fr. 50 — 2 25
   Les 5 réseaux en 1 vol. 15 fr. — 13
Algérie et Tunisie. 12 fr. — 10 50

ÉTRANGER

Allemagne Méridionale, 10 fr. — 8 75
Belgique. 7 fr. 50. — 6 50
Espagne et Portugal. 18 fr. — 15 75
Hollande et bords du Rhin. 7fr.50, — 6 50
Italie. 10 fr. — 8 75
Londres. 7 fr. 50. — 6 50

De Paris à Constantinople, 15 fr. — 13 »
Etats du Danube et des Balkans, par M. L. Rousset.
I. Hongrie Méridionale, Adriatique, Dalmatie. Monténégro, Bosnie et Herzégovine, 15 fr. net 13 »
II. Tome 1er. — Haute-Hongrie, Suisse Hongroise et région des Tatras. Galicie-Bukovine-Roumanie, 15 fr. net 13 »
Tome II. — Serbie-Bulgarie et Roumélie Orientale, 12 fr. net 10 50
Athène et ses environs, 12 fr. — 10 50
Grèce Continentale et Iles, 20 fr. — 17 50
Syrie et Palestine, 1 v. et atlas. 25f. — 22 »
La Péninsule Sinaïtique, par Bénédite. 2 fr. 50, — 2 25
Suisse et vallées italiennes, 2v.11f. — 9 40
   On vend séparément :
I. Genève. le Mont Blanc, le Mont Rose. 5 fr. — 4 50
II. Oberland, Lac des Quatre-Cantons, Saint-Gothard, Lacs Italiens, Bâle, le Nord de la Suisse, les Grisons, 6 fr., net 5 95

GUIDES-DIAMANT

FRANCE

Aix-les-Bains, 2 fr., net 1 75
Bretagne, 3 fr.. — 2 50
Dauphiné et Savoie, 6 fr.. — 5 25
Environs de Paris. 2 fr. 50, — 2 25
Normandie, 3 fr., — 2 50
Paris. 2 fr.. — 1 75
Pyrénées, 5 fr., — 4 50
Stations d'hiver. de la Médit. 3 f.50 — 2 75

ÉTRANGER

Suisse (1899), 2 fr. — 1 75
Venise, 2 fr , — 1 75
Florence. 2 fr. 50, — 2 25
Rome, 5 fr.. — 4 50
Bosnie et Herzégovine, 3 fr., — 2 50

Monographies
0,45 centimes le volume

Angers. — Avignon. — Blois. — Chantilly. — Chartres. — Dijon. — Gérardmer. — Le Havre. — Le Mans. — Le Mont St-Michel. — Lourdes. — Menton. — Nancy. — Nantes. — Nîmes. — Plombières. — Reims — Tours. — Valence-Vercors.

Monographies
à 0,90 centimes le volume

Ajaccio. — Alger. — Arcachon. — Arles et les Baux. — Bagnères-de-Bigorre.—Bagnères-de-Luchon.—Biarritz. — Bordeaux. — Boulogne. — Caen. — Cannes et Grasse. — Cauterets. — Clermont-Ferrand. Royat, Riom, Châtelguyon, Châteauneuf-les-Bains. — Dieppe et le Tréport. — Eaux-Bonnes et Eaux-Chaudes. — L'Estérel — Fontainebleau. — Genève — Iles Anglaises. — Luxembourg. — Lyon. — Marseille. — Mont-Dore. — Nice-Monaco. — Musées de Paris — Pau. — Rouen. — St-Malo-Dinard — St-Sébastien. — Trouville. — Tunis — Versailles. — Vichy — Contrexéville. — Dax.

COLLECTION DES GUIDES CONTY

Paris en poche, 2 50, net 2 25	Les Pyrénées, 2 50, net 2 25	Suisse circulaire, 3 », net 2 50
Environs de Paris, 2 50, net 2 25	Vosges en poche, 2 50, net 2 25	Suisse orientale, 2 50, net 2 25
Réseau de l'État, 2 50, net 2 25	Paris à Marseille, 2 50, net 2 25	Engadine, 2 50, net 2 25
Réseau du Nord, 3 », net 2 50	Paris à Nice, 2 50, net 2 25	Bords du Rhin, 2 50, net 2 25
Normandie, 2 50, net 2 25	Vichy en poche, 1 50, net 1 35	Rouen et le Havre, 1 », net 0 90
Bretagne — Ouest, 2 50, net 2 25	Londres en poche, 2 50, net 2 25	Bruxelles, 1 », net 0 90
Basse-Bretagne, 2 50, net 2 25	Belgique, 3 », net 2 50	Ostende, 1 », net 0 90
Bords de la Loire, 2 50, net 2 25	La Hollande, 2 50, net 2 25	Spa, 1 », net 0 90
Aix-les-Bains, 2 50, net 2 25	Ile-Savoie et Valais, 3 », net 2 50	La clé de Paris (plan), 1 », net 0 90

GUIDES BÆDEKER (Dernières éditions)

Chaque contrée forme un volume in-12 cartonné, avec cartes et plans.

Allemagne du Nord, net . . . . . 6 fr. 50	Le Sud-Ouest de la France, de la Loire à la frontière d'Espagne, net . . 6 fr. 50
Allemagne du Sud et Autriche, net . . 8 fr. 75	Italie Septentrionale, net . . . . . 8 fr. 75
Les Bords du Rhin, net . . . . . 6 fr. 50	Italie Centrale et Rome, net . . . . 8 fr. 45
Belgique et Hollande, net . . . . . 6 fr. 50	Italie Méridionale et la Sicile, net . . 6 fr. 50
États-Unis avec une excursion au Mexique, net . . . . . . 13 fr. »	Londres et ses environs, net . . . . 6 fr. 50
Paris et ses environs, net . . . . 6 fr. 50	Palestine et Syrie, net . . . . . 13 fr. »
Le Nord-Est de la France, net . . . 5 fr. 50	Russie, net . . . . 13 fr. »
Le Nord-Ouest de la France, net . . 5 fr. 50	Suède et Norvège, net . . . . . 10 fr. 95
Le Sud-Est de la France, net . . . 6 fr. 50	Suisse, net . . . . 8 fr. 75

AFFAIRE EXCEPTIONNELLE

GUIDES BÆDEKER vendus avec rabais de 50%
(Anciennes éditions)

Chaque contrée forme un volume in-12 cartonné, avec cartes et plans.

Le N.-O. de la France. Édition de 1895. Net 3 75	Italie méridionale.	— 1893. Net 3 75
Le N.-E. de la France — 1895. Net 3 75	Italie centrale.	— 1890. Net 3 75
Le Sud-Est de la France. — 1894. Net 3 75	Sud-Ouest de la France.	— 1894. Net 3 25
Belgique et Hollande. — 1894. Net 3 75	Allemagne du Nord.	— 1888. Net 3 25
Les Bords du Rhin. — 1891. Net 3 75	Suisse.	— 1893. Net 5 »
Allemagne du Sud. — 1893. Net 3 75	Italie septentrionale.	— 1894. Net 5 »

COLLECTION DES GUIDES FLAMMARION
PAR ROUTE OU PAR CHEMIN DE FER

Ces élégants volumes imprimés en couleurs sont ornés de 46 vues photographiques, de 5 plans de villes, de 20 profils d'altitudes et de 20 cartes de la route cyclable.

Format in-16, joli cartonnage souple avec coins dorés. Prix, 0,90.

De Paris à Fontainebleau . . . . . 1 vol.	De Paris à Vernon . . . . 1 vol.
De Paris à Étampes . . . . . . 1 vol.	De Paris à Beauvais . . . . . . 1 vol.
De Paris à Chartres . . . . . . 1 vol.	De Paris à La Ferté . . . . . . 1 vol.

TOULON-CANNES. — CANNES-NICE. — NICE, PUGET-THÉNIERS
1 vol.   1 vol.   1 vol.

GUIDE-VÉLO
2000 Itinéraires pour Cyclistes et Automobiles

Paris et ses environs, toutes les villes de France. Distances kilométriques, cartes graphiques. Cartes de France, Étapes militaires, Bains de mer, par le comte de Brimond et F. Gibert.

1 volume in-12, broché, 2 fr. 50, net . . . . **2 fr. 25**

Guides Vélocipédiques

OUVRAGES DE M. DE BARONCELLI

LES ENVIRONS DE PARIS, détaillés dans un rayon de 140 kilomètres, avec l'itinéraire abrégé de la France, indiquant les voies vélocipédiques les plus directes pour se rendre de Paris à tous les chefs-lieux de département et d'arrondissement, stations thermales et balnéaires, ainsi qu'à Londres, Bruxelles, Genève, Gênes et Turin. 16e édition, 5 fr. . . . . Net **4 fr. 50**

L'AUVERGNE ET LES CAUSSES DES CÉVENNES, 2 fr., net . . . . **1 fr. 75**

LA BRETAGNE, plages bretonnes, 2 fr., net . . . . **1 fr. 75**

DAUPHINÉ ET SAVOIE, rives du lac de Genève, 2 fr., net . . . . . . **1 fr. 75**

LES VOSGES, région française des lacs et des stations thermales, 1 fr. 75, net . . . . **1 fr. 55**

LA NORMANDIE, plages normandes, 2e édition, 1 fr. 75, net . . . . . . **1 fr. 55**

LA TOURAINE, châteaux des bords de la Loire, 1 fr., net . . . . . . **0 fr. 90**

FONTAINEBLEAU, forêt et environs, 2e édition, 1 fr., net . . . . . . **0 fr. 90**

VÉLOCIPÉDIE PRATIQUE, petit manuel du cycliste touriste, 1 fr. 75, net . . . . . **1 fr. 55**

CARTES ET PLANS

Environs de Paris. Carte officielle du dépôt de la guerre, échelle 1/80.000, collée sur toile et pliée, net
3 fr.

Plan de Paris avec l'Exposition Universelle de 1900, carte pliée, tirage en couleur. (Edition Mabyre.
net **2 fr. 25**

Plan de l'exposition Universelle de 1900, par Mabyre, carte en couleurs. Net **1 fr.**

La France au 1/100.000, tirage en 8 couleurs, et publiée sous les auspices du ministère du Commerce par Mabyre, imprimée sur papier du Japon et divisée en 4 cartes comprenant : Sud-Est, Nord-Ouest, Nord-Est, Sud-Ouest.
net **8 fr. 75**
— La même carte réunie, collée sur toile, net
12 fr.

Cartes Vélocipédiques. Tirage en 3 couleurs, avec distances kilométriques, sous couverture pliée, net **1 fr. 35**
En toile, net **2 fr. 50**

Environs de Paris au 100.000e, en 4 couleurs, depuis Epone à l'Ouest jusqu'à Esbly à l'Est et de l'Isle Adam au Nord, à Bretigny au Sud.
Nord de la France au 250.000e, Amiens, Dunkerque, Bruxelles.
Normandie Est au 250.000e, Paris, le Havre, Amiens, Dieppe.
Normandie Ouest au 250.000e, Le Havre, Caen, St-Malo, Cherbourg, Domfront.
La Bretagne au 400.000e, Avranches, Ancenis, Brest.
S.-Est de la France au 300.000e, La Provence et le Dauphiné.

Grande Carte à 80 kilom. pour les Environs de Paris

A L'USAGE DES CYCLISTES & AUTOMOBILES

4 Feuilles format 90×70. — Echelle du 1·100.000e. — Tirage en 3 couleurs.

Prix des 4 feuilles dans un étui : **2 fr. 50** net **2 fr. 25**

Cette Carte se vend séparément par section : sur papier, net **0 fr. 65**
— — collée sur toile et pliée, net **2 fr. 25**

Section Nord-Ouest. — Les Andelys, Beauvais, Gisors, Mantes, Meulan, Pacy-sur-Eure, Pontoise, Vernon, etc. (Excursions aux Forêts de l'Isle-Adam, Marly, Montmorency, Saint-Germain, etc.)

Section Nord-Est. — Chantilly, Château-Thierry, Clermont, Compiègne, Creil, Meaux, Senlis, Soissons, etc. (Excursions aux Forêts de Chantilly, Compiègne, Hallate, Villers-Cotterets, etc.)

Section Sud-Ouest. — Chartres, Corbeil, Dourdan, Dreux, Etampes, Maintenon, Rambouillet, Versailles, etc. (Excursions aux forêts de Dreux, Rambouillet, Vaux-de-Cernay, aux bois de Verrières, etc.)

Section Sud-Est. — Coulommiers, Fontainebleau, La Ferté-Alais, La Ferté-Gaucher, Melun, Montereau, Moret, Provins, etc. (Excursions aux Forêts de Crécy, Armanvilliers, Fontainebleau, Sénart, etc.

Environ de Paris en 45 kilom.

A L'USAGE DES CYCLISTES ET AUTOMOBILES

En 4 feuilles à l'échelle du 1,80.000e. — Tirage en 2 couleurs.

PRIX : net 1 fr. 10

Nord de la France et de la **Belgique**, comprenant : Arras, Boulogne, Calais, Douai, Dunkerque, Lille, Anvers, Bruxelles, Liége, etc. *Sur papier avec étui.* net 0 fr. 65
  La même Carte imprimée sur toile avec Etui. net 1 fr. 10

Environs de Paris, Section **Nord-Est**, comprenant : Châlons-sur-Marne, Compiègne, Epernay, Laon, Mézières, Rocroy, Saint-Quentin, Sedan, etc. *Sur papier avec Etui.* net 0 fr. 90
  La même Carte imprimée sur toile avec Etui. net 2 fr. 25

Environs de Paris, Section **Nord-Ouest**, comprenant : Abbeville, Amiens, Beauvais, Caen, Dieppe, Falaise, Le Havre, St-Valéry-sur-Somme, etc. *Sur papier avec Etui.* net 0 fr. 90
  La même Carte imprimée sur toile avec Etui. net 2 fr. 25

Environs de Paris, Section **Sud-Est**, comprenant : Auxerre, Avallon, Bar-sur-Aube, Bar-sur-Seine, Châtillon-sur-Seine, Gien, Troyes, Semur, etc. *Sur papier avec Etui.* net 0 fr. 65
  La même Carte imprimée sur toile avec Etui. net 1 fr. 10

Environs de Paris, Section **Sud-Ouest**, comprenant : Alençon, Argentan, Baugé, Blois, Chartres, Le Mans, Orléans, Vendôme, etc. *Sur papier avec Etui.* net 0 fr. 65
  La même Carte imprimée sur toile avec Etui. net 1 fr. 10

Bretagne et **Normandie**, Section **Nord**, comprenant : Brest, Cherbourg, Granville, Dinan, Jersey, Saint-Lô, Saint Malo, Saint-Brieuc, etc. *Sur papier avec Etui.* net 0 fr. 80
  La même Carte imprimée sur toile. net 2 fr. 25

Bretagne et **Normandie**, Section **Sud**, comprenant : Ancenis, Angers, Châteaubriant, Laval, L'orient, Loudéac, Nantes, Rennes, Saint-Nazaire, Vannes Vitré, etc, *Sur papier avec Etui.* net 0 fr. 65
  La même carte imprimée sur toile dans un Etui. net 2 fr. 25

Centre de la France, Section **Est**, comprenant : Beaune, Bourges, Chalon-sur-Saône, Château-Chinon, Clamecy, Dijon, Mâcon, Montluçon, Moulins, Nevers, etc. *Sur papier avec Etui.* net 0 fr. 65
  La même Carte imprimée sur toile avec Etui. net 1 fr. 10

Centre de la France, Section **Ouest**, comprenant : Boussac, Châteauroux, Chinon, Civray, Châtellerault, Guéret, Parthenay, Poitiers, Tours, etc. *Sur papier avec Etui.* net 0 fr. 65
  La même Carte imprimée sur toile avec Etui. net 1 fr. 10

Centre de la France, Section **Sud-Ouest, de Limoges à Bordeaux**, comprenant : Bellac, Angoulême, Barbezieux, Bergerac, Blaye, Bordeaux, Cognac, Jonzac, Limoges, Périgueux, Rochefort, Royan, Sarlat, etc. *Sur papier avec Etui.* net 0 fr 65
  La même carte collée sur toile et plié. 1 fr. 10

Sud-Ouest de la France, de Bordeaux à Toulouse, comprenant : Agen, Albi, Auch, Bayonne, Carcassonne, Cahors, Montauban, Mont-de-Marsan, Pau, Rodez, etc. **Tirage en 3 couleurs**. *Sur papier avec Etui.* net 0 fr. 80
  La même Carte collée sur toile et pliée. net 2 fr. 25

Centre de la France, Section **Sud-Est, de Limoges à Lyon**, comprenant : Ambert, Aubusson, Aurillac, Brioude, Clermont-Ferrand, Le Puy, Mâcon, Privas, St-Etienne, etc. **Tirage en 3 couleurs**. *Sur papier avec Etui.* net 0 fr. 80
  La même Carte collée sur toile et pliée. net 2 fr. 25

Provence, Vallée du Rhône, Environs de Lyon, Marseille et Nice, Vallée de l'Isère, de Grenoble à Chambéry, accompagnée d'un Guide Cycliste illustré avec itinéraires, excursions et descriptions. *Sur papier avec Etui.* net 0 fr. 90
  La même Carte imprimée sur toile avec Etui. net 1 fr. 75

Est de la France, Section **Sud**, comprenant : Aix-les-Bains, Annecy, Besançon, Bourg, Briançon, Chambéry, Embrun, Gap, Grenoble, Genève, Gray, Lyon, Valence, etc. **Tirage en 3 couleurs**. *Sur papier avec Etui.* net 0 fr 80
  La même carte collée sur toile et pliée. 2 fr. 25

Est de la France, Section **Nord**, comprenant : Bar-le-Duc, Belfort, Chaumont, Colmar, Commercy, Epinal, Luxembourg, Metz, Nancy, Strasbourg, Verdun, Vesoul, etc. **Tirage en 3 couleurs**. *Sur papier avec Etui.* net 0 fr. 80
  La même Carte collée sur toile et pliée. net 2 fr. 25

Dépliant Alpestre, Excursion en Oisans, Grenoble, Vizille, Le Bourg d'Oisans, La Grave, Briançon, projection sur 100 kil. des sommets du massif *Au lieu de 2 fr.* net 0 fr. 75

Briault, Les Pyrénées et l'Auvergne à bicyclette, Chartres à Gavarnie par Bordeaux, retour par Clermont, 1 vol. in-18 de 213 pages de texte, nombreuses cartes. *Au lieu de 2 fr. 50* net 1 fr. 25

Vient de paraître :

Andrees. GRAND ATLAS

Un volume de 263 cartes, suivi d'une table alphabétique des noms contenus dans cet atlas. Relié richement, reliure elegante et solide.

Net . . . . 40 fr.

GUIDES DU CYCLISTE EN FRANCE

Par J. BERTOT

Chaque Guide, reliure souple **3** fr. Net   **2** fr. **50**

De Paris à Grenoble, Lyon et Marseille (Haute Bourgogne, Dauphiné, Provence). 1 vol.

De Paris à Perpignan et Nîmes (Bourbonnais, Auvergne, Languedoc). 1 vol.

De Paris à Bordeaux, Bayonne et La Rochelle (Touraine, Poitou, Bordelais). 1 vol.

De Paris à Brest et Nantes (Bretagne). 1 vol.

De Paris à Saint-Malo, Cherbourg et le Havre (Normandie). 1 vol.

De Paris à Metz et Strasbourg (Champagne, Lorraine, Alsace). 1 vol.

De Paris à Belfort et Genève (Basse Bourgogne, Franche-Comté, Jura, Vosges). 1 vol.

De Paris à toutes les localités des environs dans un rayon de 80 kilomètres.

De Paris à Toulouse et aux Pyrénées (Centre, Gascogne, Pyrénées). 1 vol.

De Paris au Nord de la France (Artois, Picardie, Haute Champagne). 1 vol.

Les Côtes de France (Manche, Océan, Méditerranée, Corse). 1 vol.

Les plus belles Excursions des environs de Paris. 1 vol.

Carte du Cycliste aux Environs de Paris dans un rayon de 80 kilomètres, en 4 quarts et en 2 couleurs. — Prix : **3** fr.

L'EUROPE ILLUSTRÉE

Monographie des plus beaux sites, ornée de nombreuses illustrations format in-12, broché.

Chaque numéro. Net . . . . **O** fr. **45**

1. Le chemin de fer Arth-Righi.
2. Le chemin de fer de l'Uetliberg
3. Le chemin de fer Vitznau-Righi
4. Le chemin de fer Rorschach-Heiden
5. 5a La Baden-Baden
6. Thoune et Lac de Thoune
7. Interlaken 8. La Haute Engadine
9. Baden en Suisse
11. Nyon au Lac Léman
12. Constance et ses environs
13. Thusis 14. Lucerne 15. Florence
16. 16 a. La Gruyère 17. 18. Milan
19. Schaffhouse et la chute du Rhin
20. Ragaz-Pfæfers. 21. Les bains de Kreuth
22. 22 a. Vevey et ses environs 23. Davos
24. Notre-Dames-des-Ermites
25. Les Bains de Reinerz
26. 27. Le Clods de la Franchise (Chaux-de-Fonds, Locle, Les Brenets)
28. 28a. Neuchâtel
29. 30. Fribourg en Brisgau
31. 32. Gorbersdorf en Silésie
33-36. Le St-Gothard
37. De Frohbourg à Waldenbourg
38. 39. Krankenheil-Tœlz
40. 41. Battaglia près Padoue
42-44. La Ligne Carinthie-Pusterthal
45-47. Ajaccio (Station d'hiver),
48. 49. Le Burgenstok
50. 51. Coire et ses environs
52. 53. Gratz en Styrie
54. 55. De Paris à Berne
56. 57. Aix-les-Bains
58-60. Du Danube à l'Adriatique
61. 62 Le Lac des Quatre-Cantons
63. La Bergstrasse
64. 65. A travers l'Arlberg
66-68. Budapest 69. 70. Heidelberg
71-73. Locarno 74. Montreux
75 76. 77. 78. Mont Cenis
79. 80. 81. 82. Le Pays de Glaris
83. 84. Wesserling (Vallée de St-Amarin)
85-87. La forêt-Noire 88-89. Lugano
91. 92. Le chemin de fer du Brunig
93 94. 95. Zurich et ses environs
96. 97. De la Furka à Brigue
98. 99. Brigue et le Simplon
100-102. Zermatt, les vallées de Saas et de St-Nicolas
103-105. Louèche-les-Bains
106-108. Les vallées de Tourtemagne et d'Anniviers
109-111. Sion et ses environs
112-115. Martigny et les vallées de la Drause
116. 117. Chamonix et le Mont-Blanc
118. 119. Le chemin de fer du Pilat.
120. 121. De St-Maurice au Lac de Genève
122. Territet, Lac de Genève
123. Les Carpathes orientales
124. 125. De Vienne à Budapest
126. D'Oderberg à Budapest
127-129. Vienne-Oderberg-Budapest
130. La Hongrie Occidentale
131 132. Les bains de Tarasp
133. 134. Du Danube au Quarnero
135. La grande plaine Hongroise
136. 137. Les Carpathes Transilvaines
138. 139. La Hongrie Méridionale
140. Chemin de fer du Monte Generoso
141. 142. Le Toggenbourg
143. 144. Chemin de fer Landquart-Davos
145. L'Etablissement Holsboer, Grand Hôtel Curhaus Davos
146-149. A travers les Voges
150. 151 Kursaal Maloja
152-154. Franzensbad
155-157. Spa et ses environs
158. 159 Bienne
160. 161 Spiez, le Kanderthal et Adelboden
162. 163. Hohwald et ses environs
164. 165. Le chemin de fer de Glion-Naye
166. Mont Salève. 167. 168. Morat
169. Ospedaletti 170-172. Karlsbad
173-176. L'Oberland Bernois
177. Waldhaus-Flims
178 179 Les Bains de Siofok
180. Le Stanserharn et son chemin de fer
181. Bex-les-Bains
182. Soleure de Bâle-Campagne
183. Le Réseau Hongrois de la Compagnie des Chemins de fer du Sud-Autrichien
184. 185. St-Moritz-les-Bains.
186. 187. Meiringen.
188. Bürgenstock

Stieler. GRAND ATLAS

Splendide volume in-folio, relié dos et coins cuir de Russie. 95 cartes en couleurs, suivi d'une table des 200.000 noms contenus dans le volume.

Au lieu de **95** fr. Net . . . . . . **80** fr.

ATLAS DE POCHE (Justus Perthe's)

Texte Allemand

Atlas Antiquus. Atlas du monde ancien, 24 cartes coloriées, avec un index. Relié. Net   2 fr. 95

Geschichts-Atlas. Atlas historique du moyen-âge et des temps modernes. 24 cartes en couleurs. Relié. Net   2 fr. 75

Sée-Atlas. Atlas maritime, contenant 24 cartes et 127 plans des différents ports du monde. Relié. Net   3 fr.

Taschen-Atlas. Atlas de poche de 24 cartes en couleurs. Relié. Net   2 fr. 75

ATLAS DE POCHE géographique statistique, universel. (Texte allemand). Edition de 1899, par le Prof. A. L. Hickmann, 51 cartes en couleurs. Un volume relié. Net . . . . . . **4** fr. **25**

AFFAIRES SPÉCIALES

BIBLIOTHÈQUE INSTRUCTIVE

Collection de Beaux Livres in-18, illustrés. — Chaque volume
Net **1** fr. au lieu de **2** fr. **25**.

L'ALGÉRIE

Par le docteur QUESNOY. — 100 grav. et 1 carte.

L'auteur en fait la description au double point de vue géographique et historique, en l'accompagnant de détails curieux sur les mœurs et les habitudes de ses habitants et sur l'avenir colonial de cette « Nouvelle France. »

L'Armée d'Afrique, depuis la conquête d'Alger

Par le docteur QUESNOY. — 46 grav. et 1 carte.

Ce livre est un hommage mérité, rendu à l'armée qui a accompli des prodiges de valeur, pour s'emparer et rester maîtresse de chacun des points que nous occupons encore aujourd'hui.

LES CHASSES DE L'ALGÉRIE
et notes sur les Arabes du Sud.

Par le Général MARGUERITE. — 65 gravures

On ne peut que s'intéresser aux exploits du général, à ses courses à l'Autruche, à ses chasses au faucon, à ses poursuites plus dangereuses du lion et de la panthère, racontées dans un style aussi gai que modeste.

Tahiti et les Colonies Françaises de la Polynésie

Par H. LE CHARTIER — 23 grav. et 2 cartes.

Tahiti, les Iles Sous le Vent, l'archipel Tuamotou, les îles Gambier, Marquises etc., dont la superficie totale ne dépasse guère deux ou trois départements, sont, en général, d'un climat délicieux, doux et sain, pourvues de bons ports, et habitées par une population facilement gouvernable.

MADAGASCAR

Par H. LE CHARTIER et G PELLERIN. — 60 grav. et 1 carte.

C'est une peinture ethnographique des plus pittoresques qui aient été faites sur cette grande ile africaine. Ce livre s'adresse tout spécialement à ceux qui s'intéressent à notre politique coloniale.

LA CHINE

Par V. TISSOT. — 65 gravures.

Toutes les notions recueillies par les voyageurs modernes pouvant faire connaître la Chine, au point de vue de l'aspect physique, des institutions, des mœurs, des croyances, M. Tissot les résume dans ce livre.

La Nouvelle-Calédonie et les Nouvelles-Hébrides

Par H. LE CHARTIER. — 45 grav. et 2 cartes.

Les Hébrides justifient aujourd'hui, comme il y a cent ans, l'admiration des navigateurs qui en ont célébré les beautés. Les cultures les plus variées réussissent dans ces îles, où les bois précieux, les céréales, les textiles, les épices, poussent sans effort.

LE JAPON

Par G. DEPPING. — 17 gravures et 1 carte.

L'auteur a réuni, dans cet ouvrage, un résumé historique, un court aperçu géographique et une étude complète sur les mœurs, la littérature et la religion du Japon.

LES AÉROSTATS

Par Louis FIGUIER. — 53 gravures.

L'origine des ballons, les expériences tentées dans le but de conquérir le domaine de l'air, sont racontées dans ce livre avec la clarté et la simplicité qui ont fait de M. Louis Figuier le premier des vulgarisateurs scientifiques. Le récit des accidents tragiques dus à l'aérostation, ajoute à ce volume un attrait tout particulier.

LE BOIRE ET LE MANGER

Par Armand DUBARRY. — 126 gravures.

Voici dans quelques pages sans prétention, où l'anecdote se mêle au résumé historique, des leçons de choses sur le pain, la viande, le lait, les légumes, les fruits, les boissons, en un mot les aliments qui assurent le fonctionnement régulier de la machine humaine.

LES INVISIBLES

Par FABRE-DOMERGUE, Docteur ès-sciences.
120 gravures.

Qui ne parle de microbes aujourd'hui ? M. Fabre Domergue essaie de nous les faire connaître, en exposant aussi clairement que possible les phénomènes les plus intéressants de la vie de ces êtres microscopiques, les bizarres manifestations de ces animalcules, qui de jour en jour tendent à s'introduire davantage dans notre existence.

L'HOMME BLANC AU PAYS DES NOIRS

Par J. GOURDAULT — 70 grav. et 1 carte.

L'homme blanc au pays des noirs, c'est l'explorateur européen qui, au péril de sa vie, s'enfonce dans les régions inconnues de l'Afrique, pour y planter le drapeau de sa patrie et y établir des colonies. Ce sont les Livingstone, les Stanley, les Brazza, avec le résumé de leurs découvertes, la description des pays qu'ils traversent, les mœurs des peuples qu'ils ont rencontrés.

LES COLONIES PERDUES

Par Ch. CANIVET. — 60 gravures.

Les Colonies perdues, c'est l'Inde, le Canada, Saint-Domingue, l'Ile de France. Mettre en relief les figures, un peu dédaignées, des héros de ces désastres, Montcalm, Dupleix, La Bourdonnais, Leclerc, etc., tel est le but de l'ouvrage, et l'auteur l'atteint dans des pages pleines de chaleur et de patriotisme.

JEANNE D'ARC

Par Henri MARTIN. — 29 gravures.

Henri Martin a été le premier à rendre justice à la vaillante Lorraine, en lui donnant la place qu'elle doit occuper dans notre épopée nationale. C'est ce qu'il expose en ce livre dans lequel on peut dire qu'il a mis toute son âme.

LES GRANDS CONQUÉRANTS

Par Adrien DESPREZ. — 50 gravures.

C'est l'histoire de la glorieuse épopée des Cyrus, Alexandre, César, Attila, Mahomet, Charlemagne, Gengis-Khan, Napoléon, qui ont laissé derrière eux une trace lumineuse et sanglante.

LES GRANDES SOUVERAINES

Par Adrien DESPREZ. — 50 gravures.

Parmi les femmes qui ont joui du souverain pouvoir, l'auteur s'est borné à l'étude de celles qui, comme Debora, Sémiramis, Blanche de Castille Catherine II, ont exercé, par leurs qualités ou leurs défauts, une influence décisive sur leur temps, et en les choisissant à toutes les époques et dans différents pays.

LE PATRIOTISME FRANÇAIS

Par A. LAIR, professeur, agrégé d'histoire. - 55 gravures.

Les épisodes historiques qui composent le volume de M. Lair ont pour but de rappeler comment, dans ces diverses circonstances, ceux qui nous ont précédés, Gaulois, Francs ou Français, ont accompli le premier des devoirs civiques, la défense de la patrie contre l'étranger.

NOS FRONTIÈRES PERDUES

Par Auguste LEPAGE. — 80 grav. et 13 cartes.

L'histoire de la formation de la nationalité française, depuis la chute de l'empire romain jusqu'au douloureux traité de Francfort, a passé par différentes phases successives, que l'auteur nous met sous les yeux dans ce volume. Une large place y est réservée aux événements survenus en Alsace-Lorraine.

HISTOIRE DE LA LUNE

Par W. de FONVIELLE. — 72 gravures.

C'est la première fois qu'un travail de ce genre est tenté. Il comprend le résumé intéressant, vif et dégagé de toute formule scientifique, des superstitions diverses et des opinions singulières, dont notre satellite a été l'objet depuis les temps les plus reculés jusqu'à nos jours.

LES EXERCICES DU CORPS

Par G. BONNEFONT. — 60 gravures.

Les exercices du corps font aujourd'hui partie intégrante des programmes d'éducation moderne. M. Bonnefont nous fait la description, l'historique de ces différents genres de sport, gymnastique, boxe, escrime, chasse, pêche, canotage, etc... qu'il accompagne de considérations sur leurs avantages réciproques, et de conseils sur les genres variés d'entraînement qu'ils comportent.

LE LIÈGE ET SES APPLICATIONS

Par H. DE GRAFFIGNY. — 50 gravures.

Qui aurait pensé que l'histoire du liège, de ses pays de production, les différents modes de culture et de récolte, et ses applications industrielles, puissent donner matière à un volume, sans longueur et sans redites. ?

LES INSECTES NUISIBLES

A l'Agriculture et à la Viticulture

Par E. MENAULT. — 105 gravures.

Les insectes nuisibles sont un des fléaux de l'agriculture. Il est indispensable que ceux qui cultivent le sol connaissent leurs ennemis et le moyen de les détruire. Nul mieux que M. Menault n'était à même de mener à bien cette tâche qu'il a remplie avec sa connaissance bien connue des questions agricoles.

A TRAVERS LE CODE PÉNAL

Par G. VIBERT, docteur en droit, conseiller à la Cour de Douai.

13 gravures.

Dans un style agréable, humoristique, voici un véritable code pénal, absolument complet, et dénué de l'aridité ordinaire des recueils de ce genre, ce qui n'en exclut pas l'exactitude, le nom et la qualité de l'auteur en étant un sûr garant. C'est le guide indispensable du chasseur, du pêcheur, du fermier, du propriétaire, et du juré à la cour d'assises.

LA MER

Par Armand DUBARRY. — 90 gravures.

L'auteur nous montre d'abord la mer dans ses rapports avec la nature, en étudiant ses courants, sa couleur, sa composition chimique, son action érosive, sa faune, sa flore, puis il la peint dans ses relations avec l'homme, ceux qui en vivent, pêcheurs et marins, et ceux qui s'en amusent : baigneurs et touristes.

L'ART DE L'ÉCLAIRAGE

Par Louis FIGUIER. — 114 gravures.

Après avoir rappelé brièvement ce que furent les procédés d'éclairage dans l'antiquité et au moyen âge, l'auteur arrive, dès le second chapitre aux divers modes en usage à l'heure actuelle : les huiles, le gaz, le pétrole, la lumière électrique.

LA GRANDE PÊCHE. – Les Poissons

Par le Docteur E. SAUVAGE. — 87 gravures.

L'industrie de la pêche joue un rôle considérable dans le mouvement de l'industrie nationale. Le D' Sauvage passe en revue les différents genres de pêche ; des raies, des squales, de l'esturgeon, du thon, de la morue, du hareng, de la sardine, etc., en initiant le lecteur aux mœurs de chacun de ces poissons, et au rang qu'il occupe sur nos marchés et dans nos transactions commerciales.

LA GRANDE PÊCHE. — Les Animaux Inférieurs

Par le Docteur E. SAUVAGE. — 70 gravures.

Ce volume complète le précédent. Il contient la vie et la pêche des animaux inférieurs et nous enseigne l'art d'utiliser leurs dépouilles. Ce sont la tortue de mer et l'écaille — les crustacés — la pourpre des anciens — l'huître — la moule — la nacre et la perle — le corail et l'éponge.

LE COMBAT POUR LA VIE

Par O. DE RAWTON. — 90 gravures.

Manger, être mangé, résument la fonction principale et la fin de tout être vivant. Partant de cette double alternative, l'auteur, dans un récit semé d'anecdotes et de faits humoristiques, nous décrit les ruses employées par les animaux et même les végétaux, pour arriver à l'une, en évitant l'autre, le plus longtemps possible.

L'ARCHITECTURE EN FRANCE

Par G. CERFBERR. — 126 gravures.

C'est un traité élémentaire qui n'a d'autre but que de donner à tous ceux qui s'intéressent à une science, dont on trouve partout en France des applications, des notions d'archéologie nécessaires pour comprendre la beauté de nos vieux monuments, et pour en apprécier la valeur historique et artistique.

SOLDES

Léon MAILLARD

LE PARISIEN DE PARIS

Journal hebdomadaire illustré, années 1897-1898, 2 forts volumes brochés, grand in-4, édition de luxe. Chaque volume se vend **9 fr.** net au lieu de 30 fr.

Ce recueil contient des articles du plus haut intérêt sur la **mode**, les objets de luxe, l'élégance Parisienne, l'histoire anecdotique et curieuse des différents quartiers de Paris, les monuments, les statues, les légendes, le résumé de tous les divertissements et amusements parisiens, chroniques sur les théâtres, sur les beaux-arts, etc., etc. Les superbes illustrations de Boutet, Coindre, Stein, Frau, Courty, Duval, Cournesson, donnent à cette publication une valeur artistique de premier ordre.

DANTON

Mémoire sur sa vie privée. Pièces justificatives par le Docteur **Robinet**.

Un volume in-12, broché. Au lieu de 5 fr., net . . . . **1 fr. 75**

LE BULLETIN DES BEAUX-ARTS

Répertoire des Artistes français, peintres, dessinateurs, graveurs. Splendide publication reproduisant les chefs-d'œuvre de nos grands maîtres des XVI°, XVII° et XVIII° siècles, dessins, eaux-fortes, portraits et biographies, gravures en noir et en couleurs.

3 volumes in-8, brochés. Au lieu de 90 fr., net . . . . **15 fr.**

LES CORRESPONDANTS DE MICHEL-ANGE

Sebastiano del Piombo

Texte italien publié pour la première fois par le Commandeur Gaetano Milanesi, Surintendant des Archives de Florence, avec traduction française.

Par le Docteur **A. le Pileur**

Un volume in-4, illustré de gravures dans le texte.

Broché. Au lieu de 20 fr. . . . . **5 fr.**

LA TAPISSERIE DANS L'ANTIQUITÉ

LE PEPLOS D'ATHÉNÈ PARTHENOS

Par **Louis de Ronchaud,**

Directeur des Musées Nationaux et de l'École du Louvre.

Un volume in-8, illustré de 16 gravures. Broché. Au lieu de 10 fr. . . . . **4 fr.**

VENISE

SES ARTS DÉCORATIFS, SES MUSÉES ET SES COLLECTIONS

Par Emile MOLINIER

DU MUSÉE DU LOUVRE

Un volume in-4, orné de 207 gravures dans le texte et de plusieurs eaux-fortes.

Broché. Au lieu de 25 fr. . . . . **10 fr.**

DICTIONNAIRE DE MARQUES ET MONOGRAMMES

DE GRAVEURS

Par Georges DUPLESSIS et Henri BOUCHOT

Trois volumes in-12, d'ensemble 322 pages, br., pap. de Hollande. Au lieu de 15 fr. Les 3 vol. **5 fr.**

L'ART BYZANTIN DANS L'ITALIE MÉRIDIONALE
Par Charles DIEHL

Un vol. in-8, ill. de grav. dans le texte et or. de 4 plans. Broché. Au lieu de 15 fr. Net **5 fr.**

Les Bronzes de la Renaissance
LES PLAQUETTES

Catalogue raisonné, précédé d'une introduction par ÉMILE MOLINIER.

Deux volumes in-8, illust. de 108 grav. Brochés, les deux vol. (*Au lieu de 40 fr.*) **10 fr.**

EUGÈNE DELACROIX DEVANT SES CONTEMPORAINS

Ses écrits, ses biographes, ses critiques, par **Maurice TOURNEUX.**

1 vol. in-8. Broché. (*Au lieu de 12 fr.*) . . . . **3 fr.**

LES ARCHIVES DES ARTS

Recueil de documents inédits ou peu connus par Eugène MUNTZ.

Un vol. in-8 broché. (*Au lieu de 12 fr.*) . . . . **3 fr.**

LES LIVRES A GRAVURES DU XVIᵉ SIÈCLE

Les Emblèmes d'Alciat

Par **Georges DUPLESSIS**, *Conservateur du département des Estampes à la Bibliothèque Nationale.*

Un volume in-8 illustré de 11 gravures. Broché. (*Au lieu de 5 fr.*) . . . . **2 fr.**

MÉMOIRES DE
Henri Masers de Latude

Prisonnier pendant trente-cinq ans à la Bastille, à Vincennes, à Charenton
et à Bicêtre.

Préface et notes par G. BERTIN.

Un volume in-12. Broché. *Au lieu de 3 fr. 50,* net . . . . **1 fr. 75**

Latude aux prises avec les luttes de l'existence, naïf et même un peu déséquilibré n'eut qu'un rêve: la réussite par tous les moyens. Il fabrique chez un apothicaire une poudre inoffensive qu'il enferme soigneusement dans une boîte, l'expédie à Madame de Pompadour, puis s'empresse d'informer cette dernière d'un complot tramé contre elle. La réponse ne tarde pas à arriver sous forme de lettre de cachet et les portes de la Bastille, qui ne devaient le rendre à la Société que 35 ans après, se fermèrent sur lui le 1ᵉʳ Mai 1749.

Dans la nuit du 25 au 26 Février 1756, par un brouillard épais, une audacieuse évasion, dénotant une rare vigueur physique et une force morale étonnante, avait lieu à la Bastille. Deux prisonniers aussi bien gardés que leurs compagnons, parvenaient à s'échapper d'une chambre située au 4ᵉ étage de la tour dite la Comté, et à gagner la rue. Latude et son confrère Allégre voyaient enfin réussir leurs efforts de plusieurs mois, mais après quels tourments, quelles inquiétudes, quelle patience ? Car malgré leurs combinaisons, il leur avait fallu neuf heures pour être hors de la prison d'Etat.

DICTIONNAIRE HISTORIQUE ET PITTORESQUE
DU THÉATRE
ET DES ARTS QUI S'Y RATTACHENT
Par A. POUGIN
Auteur du Supplément à la **Biographie des Musiciens** *de Fétis.*

Poétique, musique, danse, pantomime, décor, costume, machinerie, acrobatisme, jeux antiques, spectacles forains, divertissements scéniques, fêtes publiques, réjouissances populaires, carrousels, courses, tournois, etc. Ouvrage illustré de 400 gravures et de 8 chromolithographies. Grand in-8 de 776 pages à 2 colonnes.

Broché *(Au lieu de 40 fr.).* . . . . **12 fr.**

DICTIONNAIRE
DE LA CÉRAMIQUE
POTERIES, FAIENCES ET GRÈS
Par M. Edouard GARNIER
Conservateur du Musée et des collections de la Manufacture Nationale de Sèvres.

Ouvrage accompagné de **20 planches en couleur hors texte**, représentant **cent cinquante** motifs variés et **cinq cent cinquante** marques et monogrammes dans le texte, d'après les dessins de l'auteur.
Un volume in-8 de 260 pages.

Broché. *Au lieu de 30 fr.* . . . . **12 fr.**

LES CHIENS ET LES CHATS
D'Eugène LAMBERT

Texte par **G. de CHERVILLE**, Préface d'**Alexandre DUMAS Fils**
et notes biographiques de **Paul LEROY**.

Un magnifique volume in-4 raisin de 292 pages, illustré de 6 eaux-fortes et de 145 dessins dans le texte par Eugène LAMBERT.

Broché. *Au lieu de 40 fr.* . . . . **15 fr.**

Album de Vingt Batailles
DE LA
RÉVOLUTION ET DE L'EMPIRE
SPLENDIDE ALBUM

Ces planches ont été dessinées et gravées par les meilleurs artistes. Quelques-unes sont coloriées. Élégant cart., titre or, format obl. de 43 × 30. Au lieu de **15** fr., net **2** fr. **25**.

L'ILLUSTRATION

Journal illustré, relatant tous les faits principaux du monde entier. (Événements historiques, cartes et plans, Beaux-arts, fêtes, cérémonies, marine, mode, musique, sinistres, accidents, voyages, science, etc., etc.).

Chaque volume broché, format gr. in-4, au lieu de 20 fr. Net   **3 fr. 25**

(Le port de ces volumes est à la charge du destinataire : chaque volume pèse environ 1 kilog.)

TOME 30 : (1857, 2e semestre). Explosion de la poudrière de Mayenne. Inauguration du Camp de Châlons par l'Empereur. Fête du 15 août 1857. Obsèques de Béranger. Exposition de l'industrie suisse à Berne Régales de St-Cloud. Mariage du Grand-duc Michel Nicolaevitch avec la princesse Cécile de Bade, à Péter-Hoff, etc., etc...

TOME 59 : (1872, 1er semestre). Embarquement des prisonniers de la Commune sur *la Guerrière*. Souscription pour le rachat du Territoire. Catastrophe de la rue Séguranne à Nice. L'aurore boréale du 4 février. La misère à Londres. Une audience du procès Trochu. Réception par le Président de la République des députations des grands corps d'État, le 1er janvier 1872, etc., etc.

TOME 60 : 1872, 2e semestre). Entrevue des 3 Empereurs à Berlin. Événements carlistes en Espagne. Emprunt national de 3 milliards. Rentrée des troupes françaises à Reims. Salon de 1872. Inondation de 1872 à Paris. Réception de l'ambassade birmane par M. Thiers. La conscription en Alsace, départ des conscrits pour la France, etc., etc...

TOME 76 : (1880, 2e semestre). Régates internationales de Paris. Les nouveaux ministres. Incendie du pavillon de Flore. Insurrection de 1879 en Algérie, les chefs. La France en Tunisie. Annexion de Tahiti à la France. L'incident Baudry-d'Asson à la Chambre des Députés. Ascension du Mont-Blanc par un aveugle, etc., etc...

TOME 78 : (1881, 2e semestre). Insurrection de 1881 dans le sud de la province d'Oran. Attentat contre le président des États-Unis. Les élections de 1881 à Paris. M. Gambetta à la réunion de la rue St-Blaise à Charonne. Les manifestations anti-françaises en Italie. La Fête nationale du 14 juillet. Incendie du Ring-Théâtre à Vienne. L'accident de chemin de fer du 6 septembre à Charenton, etc., etc...

TOME 79 : (1882, 1er semestre). Attentat du 2 mars contre la reine d'Angleterre à Windsor. Funérailles de Garibaldi à Rome. L'incendie du village de Marcilly. Catastrophe de St-Pierre-les-Calais du 30 janvier. Éclipse totale du soleil du 17 mai, etc., etc...

TOME 80 : (1882, 2e semestre). L'affaire de Monceau-les-Mines. L'attentat contre le roi Milan à Belgrade. Les funérailles du bey à Tunis. Exposition des arts décoratifs aux Champs-Élysées. Inauguration du nouvel Hôtel-de-ville de Paris. La catastrophe de la rue François-Miron à Paris. L'accident de chemin de fer du 3 septembre à Hugstetten (Alsace-Lorraine), etc., etc...

TOME 81 : (1883, 1er semestre). L'expédition du Tonkin. Le procès des anarchistes à Lyon. Le manifeste du prince Napoléon. La mort de M. Gambetta. L'attentat du 14 mars à Londres. Couronnement de l'Empereur de Russie. Les funérailles du général Chanzy à Châlons-sur-Marne. Les obsèques de M. Gambetta à Paris. L'Exposition internationale d'Amsterdam, etc., etc...

TOME 86 : (1885, 2e semestre). L'insurrection des métis du Canada. Le conflit Hispano-allemand. Mort et funérailles de l'amiral Courbet. La guerre Serbo-Bulgare. Exposition internationale de 1885 à Anvers. Les obsèques de Louis Thuillier à Amiens. La catastrophe du 25 septembre aux carrières de Chancelade. Affaissement du Pont-Neuf, etc., etc...

TOME 87 : (1886, 1er semestre). Le Congo français et la réception de M. de Brazza par la Société de géographie. La grève des employés de tramways aux États-Unis. Les troubles de Charleroi et de Liège. Assassinat de l'évêque de Madrid La grève et l'assassinat de M. Watrin à Decazeville. La guerre Serbo-bulgare. Concours des projets pour l'exposition de 1889. Assassinat du préfet de l'Eure. Accident de chemin de fer près de Monte-Carlo, etc., etc...

TOME 90 : (1887, 2e semestre). Le procès Klein à Leipzig. Attentat contre M Jules Ferry. Monsieur Déroulède haranguant la foule. Élection de M. Carnot. Départ du général Boulanger. L'attentat de Pagny-s.-Moselle, le 19 juillet La fête du 14 juillet, manifestations boulangistes. Incendie du panorama « Le monde antédiluvien ». Incendie d'un puits de pétrole à Balakhany (Russie). Effondrement du faubourg à Zug (Suisse), etc., etc...

TOME 94 : (1889, 2e semestre). Exposition universelle de 1889. Arrivée du Schah de Perse à la gare de l'Ouest, à Paris. Les élections, arrestation des afficheurs du manifeste Boulanger. La Révolution brésilienne. Le banquet des maires à Paris. Fêtes du centenaire. Translation dans les caveaux du Panthéon des restes de Carnot, Marceau, La Tour d'Auvergne et Baudin. La catastrophe de St-Étienne, etc., etc...

TOME 95 : (1890, 1er semestre). Arrestation du Duc d'Orléans et son procès. Manifestation du 1er mai. Proclamation de Don Carlos Ier à Lisbonne. Mise en liberté du duc d'Orléans, départ de la prison de Clairvaux. Voyage de M. Carnot dans le midi de la France. Le choléra en Espagne. Cyclone de Louisville (États-Unis). L'affaire Gouffé. Expédition de Stanley, etc., etc...

TOME 96 : (1890, 2e semestre). La révolte des Indiens Sioux. Funérailles du Roi de Hollande. La Révolution au Tessin (Suisse). La tempête du 18 août à Dreux. Incendie du 4 septembre à Salonique (Turquie). Les régates du Havre Une exécution par l'électricité à New-York. Voyage au Dahomey, etc., etc...

TOME 98 : (1891, 2e semestre). Événements du Sud Algérien. Événements du Chili. Événements de Chine. Insurrection de l'Yemen en Turquie. Exposition de Chicago. Obsèques de M. Grévy à Mont-sous-Vaudrey. Inondations dans l'Ardèche. Catastrophe du puits de la manufacture de St-Étienne. Catastrophe de St-Mandé, etc., etc

TOME 99 : (1892, 1er semestre). Troubles de Berlin. La crise ministérielle en France. Les élections en Grèce. Événements du Maroc. Fêtes historiques de Rouen. Explosion d'un navire de pétrole à Blaye. Abordage dans le port du Havre du remorqueur l' « Abeille » par la « Normandie ». La catastrophe d'Anderlues (Belgique). Explosion du restaurant Very, Boul. Magenta. Explosion de la rue de Clichy, etc., etc...

TOME 100 : (1892, 2e semestre). Campagne du Dahomey. Procès du recteur Ahlwardt à Berlin. La grève de Carmaux. L'affaire du Panama. Événements du Vénézuéla. Les fêtes de Lille. Fête du 22 septembre à Paris. Obsèques du cardinal Lavigerie à Tunis. Explosion de la rue des Bons-Enfants à Paris. Catastrophe de St-Gervais. Voyage du lieutenant Mizon au Soudan, etc., etc..

OUVRAGES D'OCCASION

1 **ARCHIVES** de l'Art Français, recueil de documents inédits relatifs à l'histoire des arts en France. *Paris, Dumoulin* 1851-1868, 6 vol. — Abecedario de P. J. Mariette et autres notes inédites de cet amateur sur les arts et les artistes. *Paris, Dumoulin*, 1851-1860, 6 vol. Ensemble 12 vol. in-8, cart. bradel. Net   30 fr.

2 **BACHAUMONT**. Essais sur la peinture, la sculpture et l'architecture. *S. l.*, 1751, in-8 veau, frontispice. Net   3 fr. 50

3 **BASAN** (F.). Catalogue raisonné des différens objets et curiosités dans les sciences et arts, qui composaient le cabinet de feu M. Mariette. *Paris*, 1775, in-8, demi-rel. Net   20 fr.
Bel exemplaire avec les prix d'adjudication, beau titre de Moreau et 4 eaux fortes.

4 **BASAN**. Dictionnaire des graveurs anciens et modernes, avec une notice des principales estampes qu'ils ont gravées, suivi du catalogue des œuvres de J. Jordans et de C. Visscher. *Paris*, 1767, 2 vol. in-12, demi-rel. interfoliés de pap. blanc avec de nombreuses notes et additions manuscrites. Net   12 fr.

5 **BATISSIER**. Histoire de l'art monumental dans l'antiquité et au moyen-âge, suivie d'un traité de la peinture sur verre. *Paris, Furne*, 1845, gr. in-8, demi-rel., nombr. gravures Net   12 fr.

6 **BELLIER DE LA CHAVIGNERIE**. Dictionnaire général des artistes de l'École française, depuis l'origine des arts du dessin, jusqu'à nos jours. Architectes, peintres, sculpteurs, graveurs et lithographes, continué par L. Auvray. *Paris, Renouard*, 1882-1885, 2 vol. gr. in-8, d.-rel. Net   35 fr.

7 **BERTRAND**. Archéologie celtique et gauloise. *Paris, Leroux*, 1889, gr. in-8 br., planches Net   6 fr.

8 **BLANC** (Charles). Histoire des peintres. École française. *Paris, Renouard*, 1865, 3 vol. in-4, demi-rel. n. rog., nombreuses grav. Net 50 fr.

9 **BRULLIOT**. Dictionnaire des monogrammes, marques figurées, lettres initiales, noms abrégés, etc., avec lesquels les peintres, dessinateurs, graveurs et sculpteurs ont désigné leurs noms. *Munich*, 1832-1834, 3 vol. in-4, demi-rel. Net   60 fr.
Très bel exemplaire.

10 **BURTIN** (X. de). Traité théorique et pratique des connaissances qui sont nécessaires à tout amateur de tableaux. *Bruxelles*, 1808, 2 vol. in-8, cart. Portrait et fig. Net   10 fr.

11 **CATALOGUES** de 15 ventes de tableaux avec prix d'adjudication. Ventes : Ancienne galerie du Palais de l'Elysée, Lethière, David, Taunay, Mesdames de Frenays, Séb. Erard, Gauthier, Sommariva, De Livry, Delaroche, Musée royal d'Amsterdam, Henry, etc..... Ensemble 15 broch.   10 fr.

12 **CATALOGUES** de 31 ventes de tableaux, avec prix d'adjudication. Ventes : Lefort, Delamarche, Comte de Penbroke, Dr Benoist, Hillemacher, Rioult, Bouhot, Marquis de St-Cl...., Pourtalès, Rochet, Meffre, Brocard, Comte Potocki, Comte de la Béraudière, Laurent-Richard, San Donato, Lachnicki, Burat, Vallet, etc. Ensemble 31 broch. Net   15 fr.

13 **CATALOGUE** de la collection de tableaux de M. Van Leyden d'Amsterdam. *Paris, Paillet et H. Delaroche*, 1804. Catalogue de la précieuse collection de tableaux de M. Grand-Pré, par Langlier et Paillet. *Paris*, 1809. En 1 vol. in-8, dem.-rel. *Prix d'adjudication*. Net   9 fr.

14 **CATALOGUE** d'objets d'art et curieux tableaux de toutes les écoles, dessins, terres cuites, ivoires, marbres, bronzes, vases, antiquités, porcelaines et laques de la Chine et du Japon, meubles de Boule, pierres gravées, etc., provenant du cabinet de M. Le Brun. *Paris*, 1791, in-8, cart. Net   9 fr.

15 **CATALOGUE** de tableaux précieux et autres objets de curiosité, formant le cabinet de M. Lapérière, avec liste des prix d'adjudication. *Paris*, 1825. — Notice d'objets d'art et de curiosité faisant suite à la riche collection de tableaux décrits dans le précédent catalogue. — Catalogue d'une riche collection de tableaux des 3 écoles, et par les plus grands maîtres, bronzes, émaux, diamants et pierres précieuses, médailles antiques, etc..., de feu M. Robert de St Victor. *Paris*, 1822. En 1 vol. in-8, dem.-rel. Net   12 fr.

16 **CATALOGUE** des tableaux, esquisses, dessins et croquis de M. Girodet-Trioson, par Pérignon. *Paris*, 1825, in-8 cart., avec prix d'adjudication et noms des acquéreurs. Net 10 fr.

17 **CATALOGUE** des tableaux, desseins, terres cuites, marbres, bronzes, pierres gravées, médailles et objets précieux qui composent le cabinet de M. le Prince de Conti, par Rémy. *Paris*, 1777, frontispice de Moreau — Catalogue de tableaux précieux, miniatures, marbres, bronzes, armoires et commodes de Boule, porcelaines, pendules, etc..., composant le cabinet de M. Blondel de Gagny. *Paris*, 1776. — Catalogue des tableaux, desseins, marbres, bronzes, terres cuites, estampes et autres objets, du cabinet de M. Randon de Boisset, par Rémy on a joint à ce catalogue ; celui des vases, colonnes de marbre, porcelaines, des laques, des meubles de Boule et d'autres effets précieux, par Juliot. 4 parties en 1 vol. in-12, dem.-rel. avec les prix d'adjudication. Net 20 fr.

18 **CATALOGUE** des tableaux composant la galerie de S. E. le Cardinal Fesch. *Rome*, 1841, in-4 br.   5 fr.

19 **CATALOGUE** des tableaux de la galerie de M. le Maréchal Soult. *Paris*, 1852. Avec les prix d'adjudication et le nom des acquéreurs. —

Catalogue de tableaux restants de la galerie de M. le Maréchal Soult. *Paris*, 1866. Avec les prix d'adjudication. Ensemble 2 broch. Net 5 fr.

20 CATALOGUE des tableaux de la galerie de S. E. le Cardinal Fesch, par George *Paris*, 1845, 4 parties en 2 vol. in-8, dem.-rel. *Avec les prix d'adjudication*. Net   25 fr.

21 CATALOGUE des Tableaux, peintures à gouache, miniatures, desseins, estampes, médailles, sculptures, bronzes, ivoires. porcelaines et autres effets, provenants du cabinet de M. Van Schorel, Seigneur de Wibryck. dont la vente aura lieu à Anvers le 7 juin 1774. *Anvers. Grange*, in-8, demi-rel. Net   15 fr.
> Très bel exemplaire entièrement non rogné, avec prix d'adjudication à une partie du volume.

22 CATALOGUE d'une fameuse collection de tableaux des différens maîtres françois, italiens, flamands et hollandois. de feu M. le Prince de Rubempré. dont la vente se fera à Bruxelles le 11 avril 1765 *Bruxelles, De Bast*, pet. in-8, veau. Net   10 fr.
> Exemplaire remonté, interfolié de papier blanc, contenant le nom des acquéreurs et le prix d'adjudication.

23 CATALOGUE d'une nombreuse et riche collection de tableaux et estampes des meilleurs maîtres, provenant des ci-devants jésuites de Bruxelles, Louvain. Namur. Malines, Mons, etc., qui se vendront à Bruxelles, à Anvers et à Gand. avec 2 suppléments. — Catalogue d'estampes italiennes, françoises, hollandoises et flamandes. gravées d'après différens maîtres, encadrées et sous glaces. — Catalogue des tableaux déposés au collège d'Anvers ; savoir, ceux du collège, de la maison professe, du convict, et du collège de Lierre. — Catalogue des tableaux qui ont appartenu au collège des ci-devants jésuites de Gand. Ipres. Courtray, Tournay et Bruges ; ces tableaux sont déposés à Gand Appendice au catalogue des tableaux déposés à Gand. — Catalogue des estampes qui se trouvent au dépôt de Gand, et qui ont appartenu au collège des ci-devants jésuites de Gand, Tournay et Courtray. — Catalogue des tableaux déposés au collège des ci-devants jésuites de Bruxelles. lesquels se vendront par soumissions particulières. En 1 vol pet. in-4, cart. Net   20 fr.
> Très curieux recueil de catalogues des tableaux des jésuites, vendus de 1770 à 1780.

24 CATALOGUE d'une riche collection de tableaux terres cuites. vases et coupes en tous genres, porcelaines de Chine. du Japon. de Perse. de Saxe, de Sèvres. bronzes. meubles de Boule, provenant du cabinet du citoyen Robit, par Paillet et H. Delaroche. *Paris*. 1801. pet. in-8, prix d'adjudication. Net   10 fr.

25 CATALOGUE du cabinet de M. J. Lucas Van Der Dussen, contenant une collection de tableaux des plus célèbres maîtres hollandais, un recueil de desseins et d'estampes de tous les maîtres. *Amsterdam*, 1774. 3 parties en 1 vol. in-8 cart. Prix d'adjudications aux 2 premières parties. Net   15 fr.

26 CATALOGUE d'un magnifique cabinet de tableaux de tous les maîtres, desseins, pastels. miniatures, ivoires, terres cuites, etc., par Quesnoy. A. Durer. Vinkenbrink. etc.. le tout rassemblé par M. J. Van der Marck. *Amsterdam*. 1773, pet. in-8 cart. Prix d'adjudication. Net 10 f.

27 CATALOGUE d'un précieux cabinet de tableaux, desseins, estampes des maîtres les plus renommés de la Hollande, et autres curiosités. le tout rassemblé par N. Nieuhoff. *Amsterdam*, 1777. 2 parties en 1 vol in-8 cart. *Prix d'adjudication à la première partie de ce catalogue*. Net   8 fr.

28 CATALOGUE d'une précieuse collection de tableaux. composant le cabinet de M. Emler. rédigé par Ch. Elie. *Paris*. 1809. — Catalogue d'une collection de tableaux, figures, médaillons, tables de marbre, etc., rédigé par Lebrun. *Paris*. 1809. — Catalogue d'une collection de tableaux de trois écoles. Marbres, bronzes. ivoires et autres objets, provenant du cabinet de M. La Neuville par Lebrun. *Paris*, 1811. — Catalogue de tableaux des écoles Flamande. Hollandaise. Allemande et Française. formant le cabinet de M. Burggraaff. *Paris*, 1811. — Catalogue de tableaux et objets de curiosités, rédigé par Elie. *Paris*, 1811. — Catalogue d'une collection de tableaux des trois écoles composant le cabinet de M. Solirène. *Paris*, 1811. En 1 vol. pet. in 8, demi-rel. *Avec les prix d'adjudication*. Net   10 fr.

29 CATALOGUE d'une riche collection de tableaux, desseins, gouaches. miniatures, estampes, marbres. bronzes, du cabinet de Claude Tolozan, par Paillet et H. Delaroche. *Paris*, 1801, pet. in-8, bas , avec les prix d'adjudication. Net   10 fr.

30 CATALOGUE raisonné des tableaux, desseins, estampes. bronzes, objets d'histoire naturelle par Le Brun, vases, porcelaines, meubles de Boule, par Julliot. Le tout composant le cabinet de M. Poullain. *Paris*, 1780, 1 vol in-8, d.-rel. avec les prix d'adjudication et le nom des acquéreurs. Net   12 fr.
> On a ajouté à cet exemplaire la feuille de distribution de la vente de M. Poullain divisée par vacations.

31 CATALOGUE raisonné des tableaux, desseins, estampes et autres effets, après le décès de M. de Jullienne, par Rémy. *Paris. Vente*, 1767. — Catalogue raisonné des porcelaines de la Chine et du Japon. lacqs. meubles de Boule, faisant partie du cabinet de M. de Jullienne, par Julliot. En un vol. in-12. veau, net   12 fr.

32 CATOLOGUS librorum ex omni genere. provenant de la bibliothèque de M. G. Bernard de Bie. *Bruges*. 1767. — Catalogue d'un beau cabinet de tableaux et estampes de tous les maîtres. provenant du même cabinet. texte français et flamand. — Catalogue de tableaux et dessins à la plume qui seront vendus à Anvers le 24 avril 1767 (provenant du cabinet de M. de Bie de Sieckenheim). — Catalogue de tableaux de tous les maîtres, par le comte Palatin, transportés à Bruges par M. le comte de Talgun, et un cabinet de cornalines, émeraudes. agathes, etc.. dont la vente aura lieu à Bruges. *Bruges*, 1767. — Catalogue d'une collection de tableaux des maîtres italiens et flamands dont la vente aura lieu à Bruxelles le 23 juillet 1767. — Catalogue Van Schoone Boeken. Naergelaeten by, Wylen den Eerw-Heere J. F. Thys. *Anvers*, 1767. — Catalogue Van Printen, Van Rubbens, Van Dyck, Téniers. Berchem, Wouwermans, dont la vente aura lieu le 14 mai 1767. — Catalogue van eene Schoone. collectie Van Schilderyen. miniaturen. *Anvers*, 1767. En 1 vol. in-12 cart., net 8 fr.

33 CAUMONT (A de). Abécédaire, ou rudiment d'archéologie. *Caen, Le Blanc-Hardel*. 1869-1870. 3 vol. in-8, dem -rel.. figures, net. 45 fr.
> Très rare. Architecture civile et militaire — Architecture religieuse. — Ere gallo-romaine. (Quelques taches d'encre à ce volume).

34 CHAUSSARD. Le Pausanias français, état des arts du dessin en France à l'ouverture du 19° siècle. Salon de 1806. *Paris*. *Buisson*. 1806. in-8, dem.-rel., net   5 fr.
> Nombreuses planches.

35 CHRÉTIEN DE MÉCHEL. Catalogue des tableaux de la galerie Impériale et royale de Vienne. d'après l'arrangement fait dans cette galerie en 1781. *Bâle. chez l'auteur*. 1784. in-8, dem.-rel., planches. net   8 fr.

36 DANDRÉ BARDON. Traité de peinture suivi d'un essai sur la sculpture. *Paris, Desaint,* 1765. 2 parties en 1 vol. in-12 veau, net   4 fr.

37 DELESTRE. Gros et ses ouvrages. mémoires historiques sur sa vie et ses travaux. *Paris, Labille,* 1845, in-8 br., net   3 fr. 50

38 DESCRIPTION des beautés de Gènes et de ses environs. *Gènes,* 1788, in-12, bas., planches, net   3 fr.

39 DESCRIPTION des objets d'art qui composent le cabinet de M. le baron V. Denon. Tableaux, desseins et miniatures, par Pérignon. *Paris,* 1826, in-8, dem.-bas., avec les prix d'adjudication, net   10 fr.

40 DESCRIPTION des principaux ouvrages de sculpture, actuellement existans dans les églises, couvents et lieux publics de la ville d'Anvers. *Anvers,* vers 1770, in-12 cart., net 3 fr. 50

41 DESEINE. Notices historiques sur les anciennes académies royales de peinture, sculpture et architecture. *Paris, Le Normand,* 1814, in-8 br., net   3 fr. 50

42 DEZALLIER D'ARGENVILLE. Voyage pittoresque de Paris. Description de ce qu'il y a de plus beau en peinture, sculpture et architecture *Paris, De Bure,* 1770, in-12, veau ; planches. Net   6 fr.

43 — Abrégé de la vie des plus fameux peintres avec leurs portraits gravés en taille-douce. et la manière de connaître les dessins et tableaux des grands maîtres. *Paris, De Bure,* 1762, 4 vol. in-8, veau, portraits. Net   30 fr.

44 — Voyage pittoresque des environs de Paris. Description des châteaux et autres lieux de plaisance. *Paris, De Bure,* 1762, in-12, veau, frontispice. Net   4 fr.

45 DIDOT (Ambroise-Firmin) Essai typographique et bibliographique sur l'histoire de la gravure sur bois *Paris.* 1863, in-8, br. Net 4 fr.

46 DUBOIS DE ST-GELAIS. Description des tableaux du Palais-Royal, avec la vie des peintres. *Paris,* 1727. in-12, veau Net 3 fr 50

47 DUSSIEUX Les artistes français à l'étranger. *Paris, Gide et Baudry,* 1856, in-8, cart. Net 5 fr.

48 FALCONET (Etienne). statuaire. Œuvres. contenant plusieurs écrits relatifs aux Beaux-arts. *Lausanne,* 1781, 6 tomes en 3 vol. bas. Net   8 fr.

49 FAUCHEUX. Catalogue raisonné de toutes les estampes qui forment l'œuvre d'Israël Silvestre. *Paris, Renouard,* 1857, in-8 br. Net   10 fr.

50 FÉLIBIEN. Entretiens sur les vies et sur les ouvrages des plus excellents peintres anciens et modernes. *Paris, S. Bénard,* 1696, 2 vol. in-4, dem.-rel. Net   10 fr.

51 FLORENT LE COMTE. Cabinet des singularitez d'architecture, peinture. sculpture et gravure. *Paris,* 1699, 3 vol. in-12, demi-rel., monogrammes, net.   6 fr.

52 FONTENAI (abbé de). Dictionnaire des artistes, ou notice historique et raisonnée des architectes, peintres, graveurs. sculpteurs, musiciens, acteurs et danseurs, imprimeurs, horlogers et mécaniciens. *Paris, Vincent,* 1776, 2 vol. in-12, veau, net.   4 fr

53 FORTOUL (Hippolyte). De l'art en Allemagne. *Paris, Labille,* 1842, 2 vol. in-8 br., net.   6 fr.

54 GABET. Dictionnaire des artistes de l'École française au 19e siècle. *Paris, Vergne,* 1831, in-8, demi-rel., net.   4 fr.

55 GARGIULO (Raphaël). Collection of the most remarkable monuments of the national museum. *Naples.* 1870. 4 tomes en 2 vol. in-4, demi-rel. Texte français et anglais. net. 35 fr.
Ouvrage orné de 240 planches au trait représentant les plus belles sculptures en marbre et en bronze. pierres fines. bijoux, peintures murales et mosaïques. terres cuites et vases peints du musée de Naples.

56 GAULT DE ST-GERMAIN. Guide des amateurs de tableaux. pour les écoles Allemande, Flamande et Hollandaise. *Paris,* 1841. 2 vol. in-8, br., net.   9 fr.

57 GAULT DE ST-GERMAIN. Les 3 sicles de la peinture en France ou galerie des peintres français depuis François I jusqu'à Napoléon. *Paris,* 1808, in-8, bas., net.   4 fr.

58 GERSAINT. Catalogue raisonné des différents effets curieux et rares contenus dans le cabinet de M: le chevalier de La Roque, contenant une collection considérable de tableaux de toutes les Ecoles, desseins, estampes, bronzes, marbres, porcelaines, lacqs. diamans. pierres précieuses. etc., etc... *Paris,* 1745. — Catalogue raisonné des tableaux, sculptures, marbres, bronzes. desseins, estampes, porcelaines, meubles, bijoux, etc., etc..., qui composent le cabinet de M. le duc de Tallard. par Rémy et Glomy. *Paris, Didot,* 1756. frontispice. En 1 vol. in-12 cart., net.   10 fr.

59 GUÉRIN. Description de l'Académie royale des arts de peinture et de sculpture. *Paris, Collombat,* 1715. Planches in-12, demi-rel., net.   4 fr.

60 GUILBERT (l'abbé). Description historique des château, bourg et forest de Fontainebleau. *Paris, Cailleau,* 1781, 2 vol. in-12, veau. Planches, net.   9 fr.

61 HAGEDORN. Lettre à un amateur de la peinture (Fl. Janneik) avec des éclaircissemens historiques sur un cabinet (Dresde) et les autres tableaux qui le composent (par Hagedorn). *Dresde,* 1755, pet. in-8 cart. Non rogné. Net   15 fr.
Rare.

62 HAGEDORN. Abrégé de la vie des peintres, dont les tableaux composent la galerie électorale de Dresde (par Hagedorn). *Dresde.* 1782, pet. in-8, dem.-rel. *Non rogné, frontispice à l'eau-forte.* Net   6 fr.
Rare.

63 HAUCHECORNE (l'abbé). Vie de Michel-Ange Buonarroti, peintre, sculpteur, et architecte de Florence. *Paris, Cellot,* 1783, in-12, veau. Net   3 fr.

64 HAUDICQUER DE BLANCOURT De l'art de la verrerie, où l'on apprend à faire le verre, le cristal et l'émail, la manière de faire les perles, pierres précieuses, la porcelaine et les miroirs. La méthode de peindre sur le verre et en émail, de tirer les couleurs des métaux, minéraux. herbes et fleurs *Paris, Jombert,* 1697, in-12 veau. Planches. Net   7 fr.

65 HAWKINS. A comparative view of the human and animal frame. *London.* 1860, in-fol., dem.-rel. 10 grandes planches. Net   8 fr.

66 HOPE. Histoire de l'architecture, traduite par Baron. *Bruxelles.* 1839, 1 vol. de texte et 1 vol. de planches. Ens. 2 vol. in-8, dem.-rel. veau fauve. Net   15 fr.

67 HUARD. Vie complète des peintres espagnols et histoire de la peinture espagnole. *Paris,* 1839, 2 parties en 1 vol. in-8, dem.-rel. Planches. Net   4 fr.

68 JACQUEMART. Les merveilles de la céramique. *Paris. Hachette,* 1874, 3 vol. in-12, dem.-rel. *Figures.* Net   20 fr.
Très rare.

69 GAILLOT. Recherches historiques et topographiques sur la ville de Paris. Quartier St-Martin des Champs. *Paris, Le Boucher,* 1782, in-8, dem.-rel. Plan du quartier. Net   5 fr.

70 **GAL.** Dictionnaire critique de biographie et d'histoire, errata et supplément pour tous les dictionnaires historiques. *Paris, Plon,* 1867, gr. in-8, dem.-rel. Rare. Net 35 fr.

71 **GAY.** Recueil de lettres sur la peinture, la sculpture, et l'architecture. *Paris,* 1817, in-8, dem.-rel. net. 4 fr.

72 **JOUBERT.** Manuel de l'amateur d'estampes. *Paris,* 1821. 3 vol. in-8, dem.-rel., n. rog., net 35 fr.

Bel exemplaire.

73 **JOULLAIN.** Réflexions sur la peinture et la gravure accompagnées d'une dissertation sur le commerce de la curiosité et des ventes en général. *Metz,* 1876, in-12, veau, net 4 fr.

74 **LABORDE** (de). Notice des émaux exposés dans les galeries du musée du Louvre. 1ʳᵉ partie : Histoire et description. 1 vol gr in-8. 2ᵉ partie : Documents et glossaire, 1 vol. in-8. Ensemble 2 vol. dem.-rel., net 25 fr.

75 **LACHAISE.** Manuel pratique et raisonné de l'amateur de tableaux. *Paris,* 1866, 1 vol. in-8, dem.-rel , net 5 fr.

76 **LAGRANGE** Pierre Puget, Peintre, Sculpteur, Architecte, Décorateur de vaisseaux. *Paris,* 1868, in-8 br., net 3 fr. 50

77 **LANZI** Histoire de la peinture en Italie depuis la Renaissance jusqu'à la fin du 18ᵉ siècle. Traduit par Mme Dieudé. *Paris,* 1824, 5 vol. in-8. dem.-rel , net 12 fr.

78 **LAVAL.** Explications des gravures au trait de quelques tableaux de P. L. de Laval, peintre d'histoire, par C. A. de Laval, continuées par Monnier *Paris, Le Normand,* 1858, in-8 br., nombreuses planches, net 6 fr

79 **LEBRUN.** Recueil de gravures au trait, à l'eau-forte, et ombrées, d'après un choix de tableaux recueillis en Espagne, en France, et en Italie, dans les années 1807 et 1808. *Paris, Didot,* 1809, 2 vol. in-8 brochés, net 20 fr.

Ouvrage orné de 179 planches classées par écoles

80 **LE FÈVRE.** Description des curiosités des églises de Paris et des environs. *Paris, Gueffier.* 1759, in-12, veau, net 5 fr.

81 **LEJEUNE.** Guide théorique et pratique de l'amateur de tableaux, études sur les imitateurs et les copistes des maitres de toutes les écoles. *Paris, Renouard,* 1864. 3 vol. gr. in-8 br., ornés de plus de 2000 monogrammes. Net 28 fr.

82 — Lettre sur la peinture, sculpture et architecture. 1748, in-12, dem.-rel. veau Net 3 fr.

83 **LE VIEL.** Essai sur la peinture en mosaïque, suivi de « Une dissertation sur la Pierre spéculaire des anciens ». *Paris, Vente,* 1768, in-12, veau. Net 3 fr. 50

84 **MABILLON.** De Re diplomatica, libri IV. In quibus quidquid ad veterum instrumentorum antiquitatem, materiam, scripturam, monogrammata, subscriptiones ac notas chronologicas. *Lutetiæ Parisiorum,* 1709. — Liborum de Re diplomatica supplementum *Lutetiæ Parisiorum,* 1704. En 1 vol. in-folio, vélin. Net 30 fr.

Bel exemplaire, contenant 68 belles planches de paléographie.

85 **MANUSCRIT.** Inventaire après décès de Antoine Barthélemy d'Ainville, qui avait épousé Anne Rouillé. In-folio vélin d'environ 340 pages (le premier feuillet est déchiré). Net 6 fr.

Intéressant manuscrit daté de 1656 donnant de curieux détails sur la vie privée du XVIIᵉ siècle. On y trouve l'inventaire de la bibliothèque avec l'estimation des livres qui la composaient.

86 **MÉMOIRES** inédits sur la vie et les ouvrages des membres de l'académie royale de peinture et de sculpture, par Dussieux, Soulié, de Chennevières, Mantz et De Montaiglon, sous les auspices du ministre de l'Intérieur. *Paris, Dumoulin,* 1854, 2 vol. in-8, cart bradel. Net 8 fr.

87 **MENGS** (Antoine-Raphaël). Œuvres complètes traduites de l'italien par Gansen, contenant différents traités sur la théorie de la peinture. *Paris,* 1786, 2 vol. in-4, cart. n. rog., portrait. Net 10 fr.

88 **MERCURE DE FRANCE,** du samedi 7 août au samedi 28 août 1790. 4 numéros en 1 vol. in-12. dem.-rel. veau. Net 4 fr.

89 **MICHIELS.** Histoire de la peinture flamande et hollandaise. *Bruxelles.* 1845. 4 vol. in-8 br. Net 10 fr.

90 **NOTICE** des tableaux des Écoles française et flamande exposées à la galerie du musée des arts, dont l'ouverture a eu lieu le 18 germinal an VII, et des tableaux des écoles de Lombardie et de Bologne, dont l'exposition a eu lieu le 25 messidor an IX. — Notice des principaux tableaux recueillis en Italie par les commissaires du gouvernement français, comprenant ceux de l'État de Venise, de Rome, de Florence et de Turin. — Notice de plusieurs précieux tableaux, recueillis à Venise, Florence, Turin et Foligno, et autres nouvellement restaurés, exposés dans le grand salon du musée, 18 ventôse an X. Notice de tableaux dont plusieurs ont été recueillis à Parme et à Venise, exposés dans le grand salon du musée Napoléon, le 27 thermidor an XIII. 6 pièces en 1 vol. in-12, cart. Net 10 fr.

91 **NOTICE DES TABLEAUX** et autres objets d'arts, exposés au musée du département de la Dyle, situé à Bruxelles, dans le local de la ci-devant cour. *Bruxelles,* 1809, in-12 veau. Net 3 fr. 50

92 **NOTICE SUR L'HOTEL DE CLUNY** et sur le palais des Thermes, avec des notes sur la culture des arts aux 15ᵉ et 16ᵉ siècles. *Paris, Ducollet.* 1834, in-8 dem.-rel. Net 3 fr. 50

93 **PAPILLON DE LA FERTÉ.** Extrait des différents ouvrages publiés sur la vie des peintres. *Paris, Ruault,* 1776. 2 vol. in-8 dem.-rel. Jolis frontispices de Moreau Net 6 fr.

94 **PERSPECTIVE** (La) théorique et pratique, où l'on enseigne la manière de mettre toutes sortes d'objets en perspective, et d'en représenter les ombres causées par le soleil ou par une petite lumière. Tirée du cours de mathématiques de M. Ozanam. *Paris, Jombert,* 1711, pet. in-8 veau. 36 planches. Net 5 fr.

95 **PIGANIOL DE LA FORCE** Nouvelle description des châteaux et parcs de Versailles et de Marly. *Paris, Poirion,* 1751. 2 vol. in-12 veau. Nombreuses planches. Net 9 fr.

96 **QUATREMERE DE QUINCY.** Histoire de la vie et des ouvrages de Raphaël. *Paris. Gosselin.* 1824, in-8 dem.-rel., portrait. Net 4 fr.

97 **QUILLIET.** Dictionnaire des peintres espagnols. *Paris,* 1816, in-8 dem.-rel. Net 4 fr.

98 **RAYMOND.** De la peinture et de son influence sur les mœurs et le gouvernement des peuples. *Paris.* 1804, in-8 br. Net 3 fr.

99 **RENOUVIER.** Histoire de l'art pendant la Révolution, considéré principalement dans les estampes. *Paris. Renouard,* 1863. 2 vol. in-8 br. Net 5 fr.

100 **RÉPERTOIRE DE TABLEAUX,** dessins et estampes. *Paris,* 1783, in-12 br. Net 3 fr. 50

Cet ouvrage contient la nomenclature des principaux objets vendus dans les ventes de M. Mariette Neyman, de Gagny, le Prince de Conti et de Boisset.

ATLAS

Atlas de poche des plantes des champs, des prairies et des bois,

à l'usage des promeneurs et des excursionnistes. Texte par R. Siélain.
Chaque volume se vend cartonné toile pleine, souple, coins arrondis, tranche rouge.
Série I. 128 planches coloriées et 28 planches noires représentant 181 plantes ou arbres communs
avec 162 pages de texte. (6 fr. 50) Net   5 fr. 70
Série II. 128 planches coloriées et 23 planches noires représentant 154 plantes ou arbres communs.
avec 162 pages de texte (6 fr. 50) Net   5 fr. 70
Série III. 128 planches coloriées représentant 129 plantes communes. avec 172 pages de texte.
(6 fr. 50) Net   5 fr. 70

Atlas de poche des coquilles des Côtes de France

(Manche, Océan, Méditerranée). Communes, pittoresques ou comestibles.
Texte par Ph. Dautzenber. suivi d'un appendice sur les crustacés, oursins. anémones de mer. méduses, etc., les plus communs sur les plages. 64 planches coloriées et 8 planches noires renfermant 235 espèces. Un volume in-16, cartonnage souple, tranche rouge. Prix : 6 fr. 50, Net   5 fr. 70

Atlas de poche des papillons de France, Suisse et Belgique les plus répandus

suivi d'une étude d'ensemble sur les papillons. 280 figures coloriées sur 72 planches. Texte par le Dr Paul Girod. Un volume in-16. cartonnage souple. tranche rouge. Prix 6 fr. 50 Net   5 fr. 70

Atlas de poche des oiseaux de France, Belgique et Suisse.

Série I. Utiles ou nuisibles, suivi d'une étude d'ensemble sur les oiseaux. Texte par le Baron L.
d'Hamonville. 72 planches coloriées et 4 planches noires. représentant 70 oiseaux. 28 œufs et 4
nids. Un volume in-16, cartonnage souple. tranche rouge. Prix : 6 fr. 50 Net   5 fr. 70

Série II : Suite au précédent, suivi d'un catalogue descriptif complet de tous les oiseaux de ces pays,
par le Baron L. d'Hamonville. 72 planches coloriées et 17 planches noires, représentant 85 oiseaux.
20 œufs et 4 poussins. Un volume in-16, cartonnage souple, tranche rouge. Prix : 6 fr. 50 Net 5 fr. 70

Atlas de poche des insectes de France, utiles ou nuisibles.

322 figures coloriées sur 72 planches. Texte par E. Dongé. dessins par L. Planet. Un volume in-16,
cartonnage souple, tranche rouge. Prix : 6 fr. 50 Net   5 fr. 70

Flore coloriée de poche

à l'usage du touriste dans les montagnes de la Suisse, de la Savoie. du Dauphiné. des Pyrénées, de
l'Auvergne, des Cévennes, du Jura et des Vosges. 181 espèces figurées en couleurs sur 144 planches, 661 espèces décrites. par H. Correvon, Directeur du jardin alpin d'Acclimatation de Genève.
2e édition revue et améliorée. Un volume in-16, cartonnage souple. tranche rouge. *Cette flore est
faite pour servir dans tous les pays de montagne.* Prix : 6 fr. 50 Net   5 fr. 70

Petit atlas de poche des champignons de France

comestibles et vénéneux, les plus répandus. 37 figures coloriées (presque en grandeur naturelle),
sur 36 planches. Texte par Paul Dumée. pharmacien. Un volume in-16, cartonnage souple, tranche
rouge. Prix : 4 fr. Net   3 fr. 50

AFFAIRE SPÉCIALE

Jumelle militaire perfectionnée à grande portée

Avec étui et courroie : *Net* . . . . . **23 fr.**

OCCASION

Ouvrages du Docteur P. Marrin. Chaque vol. in-12 br., au lieu de 4 fr. Net   **1 fr. 75**

1º **La Beauté** chez la femme et chez l'homme. Guide pratique indiquant les moyens de
l'acquérir, de la conserver, de l'augmenter. 1 volume.

2º **L'Hypnotisme** théorique et pratique, comprenant les procédés d'hypnotisation. 1 vol.

3º **Les maladies de l'amour.** Guide pratique pour s'en préserver et les guérir soi-
même. — Hygiène. 1 volume.

4º **Le mariage** théorique et pratique, son hygiène, ses avantages, ses devoirs, ses misères
(Traitant des mariages divers chez différents peuples et à diverses époques. Nuit de
noces, lune de miel, chambre à coucher, rôle de la femme, rôle de l'homme, etc. 1 vol.

Occasion

ROMANS & VOLUMES DIVERS

Chaque volume broché, format in-12, au lieu de 3 fr. 50 et 4 fr.
Net. . . . . 0 fr. 90

Avenel (Henri). Chansons et chansonniers. (Gallet, Piron, Chénier, de Lonlay, Nadaud, Avenel, Bouvier, etc.; etc.

Avenel (Paul). Le Docteur Hatt.

Baïhaut (Charles). Impressions cellulaires.

Bapaume (Amable). Le cocher de la Duchesse.

Beau (Gabriel). La Grâce poétique (Anacréon, Sappho, Bion, Moschus, Théocrite).

Bénigne (Ange). Femmes et amoureuses (illustrations de Kauffmann).

Cahu (Théodore). Un amour dans le monde.

Caters (Louis de). L'amour d'aimer.

Caters (Louis de). De baisers en baisers. (La comtesse Lydie).

Caters (Louis de). Confession d'une femme du monde. (L'amour brutal).

Cavilly (de). Le Divorce et la séparation de corps, à l'usage des gens du monde.

Contes du Palais, par la Presse Judiciaire parisienne (Angevin, Clémenceau, Beau, Bichon, Blondeau, etc., etc.

Couret (Emile). Histoire complète de la Prison Politique de Ste-Pélagie, depuis sa fondation jusqu'à nos jours. (Le Pavillon des Princes).

Dartès (Emile). Contes en omnibus (Collection des auteurs gais).

Daudet (Ernest). Les mœurs du temps.

Dessoye (A.). Jean Macé et la fondation de la ligue de l'enseignement (avec un avis au lecteur par Henri Martin.)

Diguet (Charles). Tête-Rouge, suivi de Retour au Clocher. (Illustrations de G. Amoretti). Format in-32.

Dolques (Michel). La Compagnie du Drapeau.

Dubuisson (F.). Discours Parlementaires de Jules Roche. (La Politique économique de la France).

Eméric (Le Comte). Problèmes de Sentiment, illustrés de 106 dessins de Tiret-Bognet).

Grandin (Mme Léon). Impressions d'une parisienne à Chicago.

Guyot (Yves). Voyages et découvertes de M. Faubert (Vignes, Médoc, Suisse, monopole de l'alcool en fonction dans la mine à Carmaux, en Angleterre, à Rouen, en Autriche-Hongrie.

Hucher (Frédérick). Œuvre de chair. (Roman passionnel).

Jacolliot (Louis). Les Chasseurs d'esclaves.

Jacolliot (Louis). Voyages aux pays mystérieux. Illustration de Moullion).

Lambert (Albert). Sur les planches.

Laurent (F.). Lettres sur les Jésuites. (Qu'est-ce que les Jésuites ? — Que veulent les Jésuites ? — Qui est le maître, le Pape ou les Jésuites ? — Etc.)

Leroy (Charles). Les filles de Laroustit (roman).

Leroy (Charles). Guibollard et Ramollot, (illustrations de Uzès).

Mac' Ramey Amours de sable.

Martrin-Donos (Ch. de). Légendes et contes de Provence. (Le Troubadour de Cabestany, La Tarasque, l'abbaye de St-Pons, etc., etc.

Matthey (Arthur-Arnould). Sœur Angèle.

Maygrier (Raymond). Le dernier Bohème.

Ménard (Louis). La morale avant les philosophes.

Monin (Docteur E.). La lutte pour la Santé (actualités d'hygiène et de médecine sociale).

Monteil (Edgard). L'amour sublime.

Pierre (Clovis). Les gaités de la Morgue. (Dessins de Mège du Malmont).

Pont Jest (René de). L'agence Blosset. (Les maîtres chanteurs).

Pont-Jest (René de). Lettres volées. (Les maîtres chanteurs).

Pradel (Georges). Mauvaise Etoile.

Puibaraud (Louis). Les malfaiteurs de professi' (Illustrations par Gras.)

Richard (Capitaine). Cantinières et vivandière françaises.

Saxebey (Gina). Cœurs passionnés.

Sidari. Un amour de Sous-Lieutenant.

Théo-Critt (Théodore Cahu). Russes et Autrichiens en robe de chambre. (Illustrations de Job.)

Tolstoï (Léon) et **Bondareff** (Timothée). Le Travail. (Traduit du Russe par Tseytline et Pagès).

Vautier (Claire). Adultère et divorce.

Vautier (Claire). Hélène Dalton. (Roman contemporain).

Zaborowsky (S.). Nouvelles et curiosités scientifiques.

Grande Imprimerie du Centre. — HERBIN, Montluçon.

www.ingramcontent.com/pod-product-compliance
Lightning Source LLC
LaVergne TN
LVHW021647170726
843501LV00007B/2448